Στον πατέρα μου Κάρλο

R. B.

ΤΙΤΛΟΣ ΠΡΩΤΟΤΥΠΟΥ: IL GRANDE LIBRO DELLA DANZA
Roberto Baiocchi

Published by Costas A. Giannikos for Modern Times S.A. 1, G. Papandreou St., 166 73 Voula, Athens, Greece

ISBN: 978-960-691-474-4 · ΜΑΪΟΣ 2009

Εκδότης: ΚΩΣΤΑΣ Α. ΓΙΑΝΝΙΚΟΣ

Μετάφραση: ΕΛΕΝΗ ΤΟΥΛΟΥΠΗ

Επιμέλεια κειμένων: ΛΥΝΤΗ ΓΑΛΑΤΗ, ΒΑΛΙΑ ΜΠΡΑΒΟΥ · Επεξεργασία εξωφύλλου: ΤΖΙΝΑ ΓΕΩΡΓΙΟΥ
· Σελιδοποίηση: ΒΑΣΩ ΒΥΡΡΑ, ΤΖΙΝΑ ΓΕΩΡΓΙΟΥ · Υπεύθυνος παραγωγής: ΛΙΝΟΣ ΚΑΜΣΗΣ · Παραγωγή: ΣΠΥΡΟΣ ΚΑΜΣΗΣ

ΕΚΔΟΣΕΙΣ ΜΟΝΤΕΡΝΟΙ ΚΑΙΡΟΙ Α.Ε.Ε.
Γ. Παπανδρέου 1, 166 73 Βούλα, Αθήνα, Τηλ.: 210 96 59 904-5, Fax: 210 89 92 101

ΧΟΡΟΣ

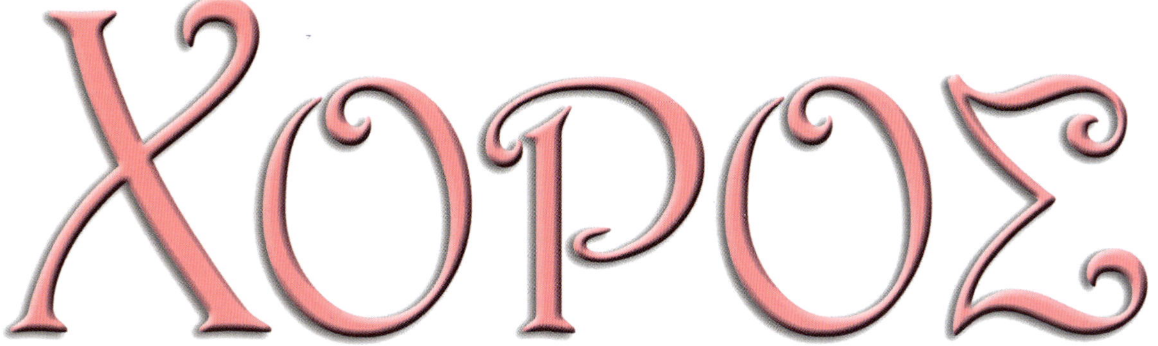

ΜΠΑΛΕΤΟ • ΚΑΡΑΚΤΕΡ • ΣΥΓΧΡΟΝΟ • ΜΙΟΥΖΙΚΑΛ • ΧΙΠ ΧΟΠ

Roberto Baiocchi

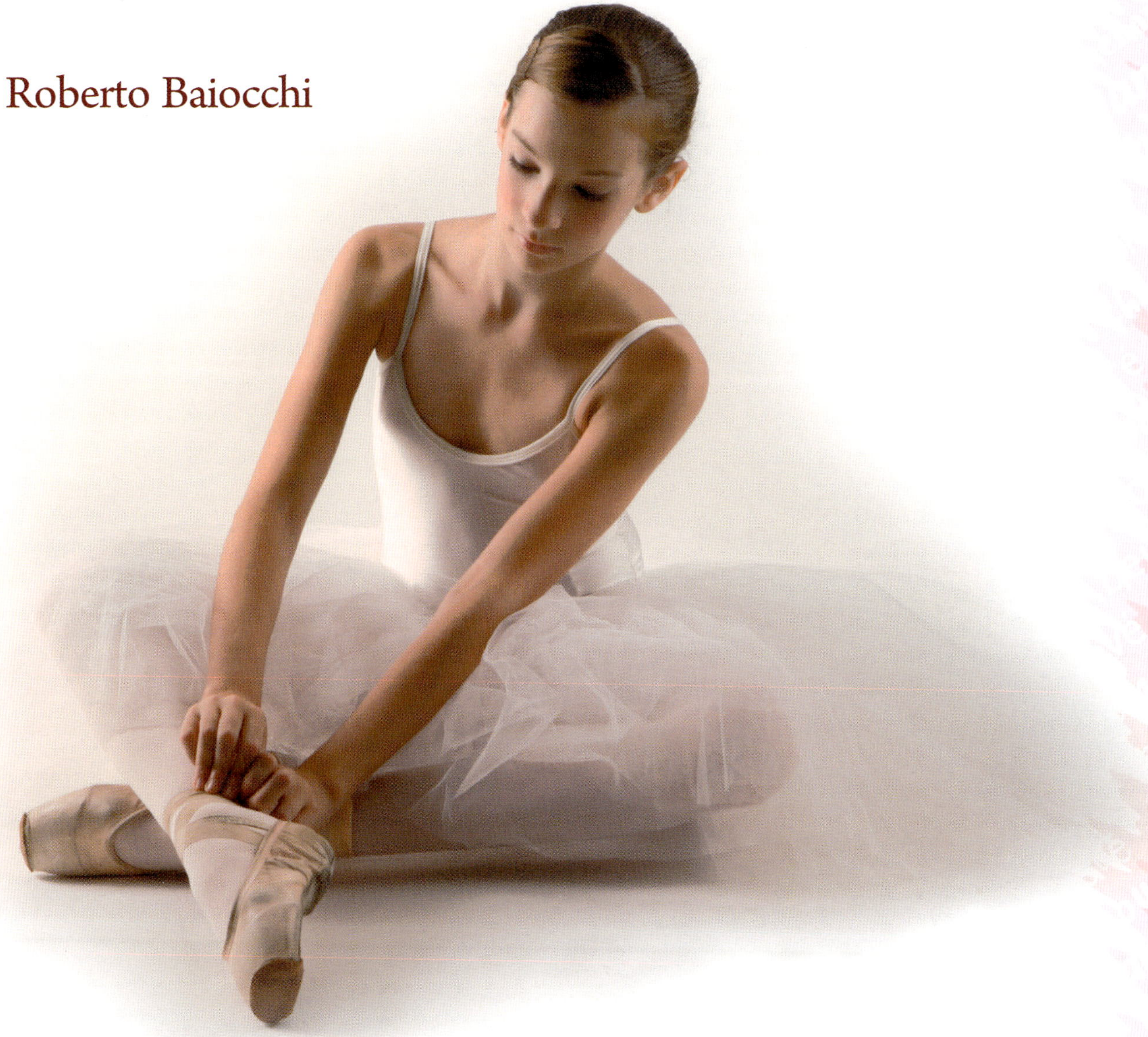

Modern Times

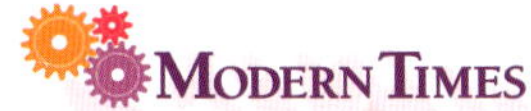

Περιεχόμενα

ΚΕΦ. 3 ΤΑ ΕΙΔΗ ΤΟΥ ΧΟΡΟΥ

ΚΕΦ. 4 ΣΧΕΤΙΚΑ ΜΕ ΤΟ ΧΟΡΟ

Εισαγωγή

Το βιβλίο αυτό απευθύνεται σε όλους όσοι έχουν πάθος με το χορό και σκοπεύουν να αφοσιωθούν στη σπουδή αυτής της υπέροχης τέχνης. Μέσω της τεχνικής του χορού ομορφαίνει το σώμα, εξευγενίζεται η ψυχή και οι κινήσεις μας αποκτούν χάρη και αρμονία.

Επιμεληθήκαμε το βιβλίο με μεγάλη φροντίδα, αλλά και με απλότητα, ώστε να είναι κατανοητό από όσους ακολουθούν την ορχηστική τέχνη. Θελήσαμε να μεταδώσουμε την αγάπη και τον τρόπο σκέψης ενός πραγματικού καλλιτέχνη που επιμένει, έτοιμος να αφοσιωθεί στη μελέτη του και να κάνει θυσίες για την επίτευξη των τελικών στόχων του.

Εύχομαι οι επίδοξοι χορευτές να μπορέσουν να μάθουν, μέσα από την εμπειρία μου, την ιστορία του μπαλέτου και ορισμένες λεπτομέρειες από το περιβάλλον του χορού, να πάρουν τις βασικές πληροφορίες για την τεχνική και, τέλος, να δεχτούν όλες τις πολύτιμες συμβουλές που πρέπει να ακολουθήσουν για να αντιμετωπίσουν με τον καλύτερο δυνατό τρόπο την αγαπημένη τους τέχνη.

Δυστυχώς, ακόμη και σήμερα, ο χορός δε θεωρείται απ' όλους πραγματική τέχνη, κι αυτό κυρίως λόγω της ελλιπούς ενημέρωσης. Πολλές φορές ούτε το σχολείο δεν ευαισθητοποιεί και δεν ενημερώνει τους νέους σχετικά με το πώς δημιουργείται ένας πραγματικός καλλιτέχνης. Πρέπει να γίνει γνωστό ότι απαιτούνται χρόνια ολόκληρα εντατικής μελέτης, συνεχούς προπόνησης και μεγάλες θυσίες για να μπορέσει τελικά κάποιος να φτάσει στο ιδανικό επίπεδο προετοιμασίας και να ασχοληθεί επαγγελματικά με το χορό.

Roberto Baiocchi

Η ΙΣΤΟΡΙΑ ΤΟΥ ΧΟΡΟΥ

Ο κλασικός χορός ανήκει στον κόσμο του θεάτρου, κι αυτό είναι ένα από τα στοιχεία που τον καθιστούν ιδιαίτερα γοητευτικό. Ο χώρος του θεάτρου μπορεί να μαγέψει τόσο το κοινό όσο και το χορευτή.

Η ερμηνεία σε μια παράσταση κλασικού χορού προκαλεί πολύ δυνατά συναισθήματα, που μεταδίδονται μέσω της κίνησης και της ψυχικής κατάστασης του χορευτή.

Ο χορός είναι μια πραγματική μορφή επικοινωνίας, που χρησιμοποιεί την κίνηση για να διηγηθεί ιστορίες, άλλοτε χαρούμενες, άλλοτε θλιβερές ή ακόμα και τραγικές. Είναι σαν να αφηγείται κάποιος ένα παραμύθι μέσω της κίνησης του σώματος, ακριβώς όπως συμβαίνει και στις παλιές ταινίες του βωβού κινηματογράφου, όπου οι ηθοποιοί διηγούνται ιστορίες και εκφράζουν συναισθήματα χωρίς να χρησιμοποιούν λέξεις, αλλά μόνο με τις κινήσεις και τις εκφράσεις του προσώπου τους...

Ένα ορειχάλκινο άγαλμα της Χόλι Κρόκερ Γκαρσία απεικονίζει την Παλόμα Χερέρα.

Τα γεγονότα που έγραψαν ιστορία

Ο χορός είναι κατά πάσα πιθανότητα η πρώτη μορφή έκφρασης στην οποία επιδόθηκε ο άνθρωπος.

Για τους πρωτόγονους ανθρώπους, ο χορός ήταν μέρος μιας τελετουργίας, που είχε σκοπό να τους φέρει σε επαφή με τις θεότητές τους και να τους βοηθήσει να κερδίσουν την εύνοιά τους, για να εξασφαλίσουν μια καλή συγκομιδή –με το χορό της βροχής ή της γονιμότητας, για παράδειγμα–, για την εκπλήρωση μιας επιθυμίας τους ή για την ίασή τους από κάποια ασθένεια.

Χαρακτικό που απεικονίζει έναν πρωτόγονο χορό

Η χριστιανική θρησκεία, για μεγάλο διάστημα, αντιμετώπιζε το χορό ως αμαρτία, καθώς πρόβαλλε σημαντικά το ανθρώπινο σώμα. Έτσι, ο χορός απομακρύνθηκε από τις θρησκευτικές τελετές, αλλά συνέχισε να εφαρμόζεται από πλανόδιους καλλιτέχνες, μίμους και σαλτιμπάγκους.

Ένας μουσικός και ένας χορευτής-ταχυδακτυλουργός (μικρογραφία του Tropaire de Saint-Martial, *11ος αιώνας)*

Ο χορός στην Αναγέννηση

Στην κοινωνική ζωή, ο χορός εμφανίζεται ξανά την εποχή της Αναγέννησης, όπου αποτελεί τρόπο επικοινωνίας. Πρωταγωνιστεί στις Αυλές των βασιλιάδων, στη διάρκεια των εντυπωσιακών εορτών που διοργάνωναν οι ευγενείς για πολιτικούς λόγους, για να γιορτάσουν κάποιο γάμο ή για να επιδείξουν τον πλούτο και τη δύναμή τους.

Οι παραστάσεις εκείνης της εποχής ήταν ένας συνδυασμός θεάτρου, μουσικής και χορού, με φανταχτερά κοστούμια.

Κορίτσια που χορεύουν από τοιχογραφία του Buon Governo *του Αμπρότζο Λορεντζέτι (1337-1340)*

Παρόλο που τα ενδύματα βοηθούσαν τους σκοπούς της αφήγησης, καθώς επέτρεπαν στο κοινό να αναγνωρίζει τα πρόσωπα –συχνά οι ιστορίες βασίζονταν στους μύθους της κλασικής αρχαιότητας ή σε φυσικά θέματα, όπως οι εποχές–, περιόριζαν τις κινήσεις, μια και ήταν βαριά και ογκώδη.

Ομάδα χορευτών σε μικρογραφία της Βίβλου του Μπόρσο ντ' Έστε (1455-1461)

Οι αριστοκράτες και τα μέλη της βασιλικής οικογένειας χόρευαν στις αίθουσες και στους κήπους των ανακτόρων τους. Ο χορός βοηθούσε στην ανάπτυξη των κοινωνικών σχέσεων στην Αυλή και αποτελούσε απαραίτητο προσόν. Οι ευγενείς εκπαιδεύονταν στο χορό από την παιδική τους ηλικία.

Ένας από τους γνωστότερους δασκάλους της εποχής ήταν ο Γκουλιέλμο Εμπρέο ντα Πέζαρο, που στο έργο του *Η Τέχνη του Χορού*, το 15ο αιώνα, κωδικοποιούσε τις έξι αρετές ενός άριστου χορευτή: το μέτρο (η ικανότητα του χορευτή να υπολογίζει σωστά το χρόνο), η μνήμη (η ικανότητα να θυμάται τα βήματα), η κίνησή του στο χώρο (η ικανότητα να υπολογίζει τις αποστάσεις και το χώρο που έχει στη διάθεσή του για να χορέψει), ο «αέρας» (δηλαδή ο τρόπος με τον οποίο παρουσιάζεται στη σκηνή) και η κίνηση του σώματός του (δηλαδή ο σωστός τρόπος να χορεύει).

Η παρουσία του δασκάλου του χορού που ακολουθεί το μαθητή σηματοδοτεί την απομνημόνευση των κινήσεων και των βημάτων, που από τότε άρχισαν να κωδικοποιούνται και να βασίζονται σε συγκεκριμένους κανόνες· το αυλικό μπαλέτο δε βασιζόταν πια στον αυτοσχεδιασμό, ενώ αποτέλεσε προοίμιο μιας τεχνικής που γινόταν όλο και πιο άψογη.

Η ίδρυση της πρώτης σχολής χορού για ευγενείς, που ιδρύθηκε το 1545 στο Μιλάνο, συνέβαλε σημα-

Χορός της Αναγέννησης. Λεπτομέρεια από την πρόσοψη ενός μπαούλου του 15ου αιώνα (γάμοι του Αντιόχου και της Στρατονίκης).

ντικά στη διάδοση του επαγγελματικού χορού. Στη σχολή αυτή, μάλιστα, εκπαιδεύτηκαν οι πρώτοι σπουδαίοι επαγγελματίες χορευτές και χορογράφοι, ανάμεσα στους οποίους ο Μπαλντασαρίνο ντε Μπελτζογιόζο.

Το όνομα του Μπελτζογιόζο έχει συνδεθεί με το πρώτο μπαλέτο του οποίου διαθέτουμε τη χορογραφία, τη μουσική και το αυθεντικό λιμπρέτο, δηλαδή το *Κωμωδία-μπαλέτο της Ρουέν*, το οποίο παρουσιάστηκε στο Παρίσι στις 15 Οκτωβρίου 1581 στην αίθουσα του ανακτόρου του δούκα της Βουργουνδίας, επ' ευκαιρία των γάμων του δούκα της Ζουαγιέζ με τη Μαργαρίτα του Βοντεμόντ. Ο Μπελτζογιόζο, δημιουργός της χορογραφίας, είχε αναλάβει τη διοργάνωση ολόκληρου του κολοσσιαίου θεάματος, διάρκειας πεντέμισι ωρών, το οποίο συνδύαζε θέατρο, μουσική, τραγούδι και χορό.

Χαρακτικό που απεικονίζει το Κωμωδία-μπαλέτο της Ρουέν *(Παρίσι, 1581)*

Όταν ο Λουδοβίκος ΙΔ' ανέβηκε στο θρόνο της Γαλλίας, ο χορός απέκτησε αξία· ο μονάρχης ήταν λάτρης του χορού και δεινός χορευτής. Τον αποκαλούσαν «Βασιλιά Ήλιο» ακριβώς επειδή συμμετείχε στα θεάματα φορώντας το σήμα του Ήλιου.

Το 1661, ο βασιλιάς ίδρυσε τη Βασιλική Ακαδημία Χορού και, το 1672, την Εθνική Σχολή Χορού. Ο πρώτος διευθυντής, μάλιστα, της σχολής, Σαρλ Λουί Μποσάμπ, κατέγραψε τα βήματα και τις πέντε ποζισιόν των ποδιών, καθώς και τη χρήση του αν ντεόρ (*en dehors*), που αποτελεί τη βάση του κλασικού χορού.

Επρόκειτο για μια πολύ σημαντική στιγμή, καθώς τότε γεννήθηκε η διάκριση μεταξύ επαγγελματιών και «ερασιτεχνών» χορευτών, οι οποίοι ήταν αδύνατο να φτάσουν στο επίπεδο που απαιτούσαν οι δάσκαλοι χορού και οι χορογράφοι.

Το θέατρο, ο χορός και η όπερα αναπτύσσονταν ανεξάρτητα το ένα από το άλλο, ως αυτόνομες τέχνες, παρόλο που στα τέλη του 17ου αιώνα εμφανίστηκε κι ένα νέο είδος, η όπερα-μπαλέτο, ένα υβριδικό θέαμα όπου ο χορός και το τραγούδι έπαιζαν εξίσου σημαντικό ρόλο.

Ο Λουδοβίκος ΙΔ' στο ρόλο του θεού του ήλιου Απόλλωνα για Το Μπαλέτο της Νύχτας *(1653)*

Με τους πρώτους επαγγελματίες χορευτές, ο χορός πέρασε από τις Αυλές στο θέατρο. Σε αυτό συνέβαλε και ο ιταλικής καταγωγής συνθέτης Ζαν-Μπατίστ Λουλί, ο οποίος διορίστηκε διευθυντής της Μουσικής Ακαδημίας.

Σχέδιο από το μπαλέτο Άτυς (Φ. Σοβό)

Το 1681 παρουσιάστηκε *Ο Θρίαμβος της Αγάπης*, το πρώτο μπαλέτο στο οποίο συμμετείχαν επαγγελματίες χορεύτριες – μέχρι τότε όλους τους γυναικείους ρόλους υποδύονταν άντρες. Αυτή η στιγμή υπήρξε ορόσημο για το χορό, καθώς έφερε σημαντική αλλαγή στην εκτέλεση των βημάτων. Έτσι γεννήθηκε ο πραγματικός ανταγωνισμός ανάμεσα στους χορευτές και στις χορεύτριες, υποχρεώνοντας τους σολίστ να επινοούν όλο και πιο σύνθετα βήματα προκειμένου να διακριθούν.

Πορτρέτο του Ζαν-Μπατίστ Λουλί

Ως συνέπεια όλων των παραπάνω και ενώ οι δημόσιες παραστάσεις γίνονταν όλο και συχνότερες, οι γιορτές στην Αυλή άρχισαν να φθίνουν. Οι ευγενείς πλέον πήγαιναν στο θέατρο ως απλοί θεατές, ακολουθώντας το παράδειγμα του Λουδοβίκου ΙΔʹ.

Σκηνή χορού σ' ένα θέατρο (Ιντερμέτσο, του Τζουζέπε ντε Αλμπέρτις)

Ο 18ος αιώνας

Το 18ο αιώνα οι άνθρωποι ένιωσαν την ανάγκη να συνδέσουν μια ιστορία με τη χορογραφία, την οποία θα μπορούσαν να παρακολουθήσουν οι θεατές. Την ίδια περίοδο οι χορεύτριες, που είχαν διδαχτεί το επάγγελμα στις Ακαδημίες, είχαν μεγαλύτερη ζήτηση από τους χορευτές και ο χορός άρχισε να διαδίδεται, κατακτώντας τόσο τον απλό λαό όσο και τους διανοούμενους.

Η χορεύτρια Μαρί-Αν ντε Κιπίς ντε Καμαργκό, την οποία ζωγράφισε ο Νικολά Λανκρέ (περ. 1730)

Συμβαδίζοντας με την τάση του διαφωτισμού για οργάνωση της γνώσης, ο δάσκαλος χορού Ραούλ Οζέ Φεγιέ δημοσίευσε δύο δοκίμια –*Χορογραφία* και *Η Τέχνη της Περιγραφής του Χορού*–, στα οποία εξηγούσε τις πέντε βασικές ποζισιόν και πολλά βήματα, ανάμεσα στα οποία το πλιέ (*plié*), το γκλισέ (*glissé*), το καμπριόλ (*cambriolé*), προτείνοντας ένα σύστημα καταγραφής των χορογραφιών.

Η τελειοποίηση του πιάνου από τον Μπαρτολομέο Κριστοφόρι (1711) έδωσε ακόμη μεγαλύτερη ώθηση στην ανάπτυξη του χορού και επέτρεψε στις Ακαδημίες να εκπαιδεύσουν ικανότερους χορευτές.

Το 1760, ο Ζαν Ζορζ Νοβέρ δημοσίευσε το δοκίμιο *Επιστολές για το Χορό*, στο οποίο υπογράμμισε τον έντονο δεσμό μεταξύ χορού, μουσικής και σκηνογραφίας· αποδοκίμασε τη χρήση δύσχρηστων κοστουμιών, όπως τα κοστούμια με φουρό, που ήταν στη μόδα εκείνη την εποχή, και των παπουτσιών με ψηλό τακούνι.

Μάθημα μουσικής (ανώνυμου Βενετού του 18ου αιώνα)

Το ρομαντικό μπαλέτο

Στις αρχές του 19ου αιώνα ο Ρομαντισμός, το καλλιτεχνικό ρεύμα της εποχής, αντέδρασε στην αυστηρότητα και την τεχνική του προηγούμενου αιώνα, προσπαθώντας να προβάλει τα συναισθήματα. Εκείνη την εποχή (1830-1850) πήρε μορφή και το ρομαντικό μπαλέτο.

Ο χορός διαδόθηκε ευρύτατα και ιδιαίτερα στη Ρωσία, όπου λάτρευαν τις χορεύτριες σαν θεές και συγκατάλεγαν το κλασικό μπαλέτο ανάμεσα στις σπουδαιότερες πολιτισμικές και καλλιτεχνικές τάσεις.

Πορτρέτο του Κάρλο Μπλάζις, πάνω σε μενταγιόν

Ιδιαίτερα σημαντική προσωπικότητα υπήρξε ο χορευτής, δάσκαλος χορού και χορογράφος Κάρλο Μπλάζις (Νάπολη, 1795-1878). Διευθυντής της Ακαδημίας Χορού στη Σκάλα του Μιλάνου, ο Μπλάζις θεωρείται ο πατέρας της τεχνικής του μπαλέτου. Στο δοκίμιό του *Πραγματεία των στοιχείων της θεωρητικής και πρακτικής τέχνης του χορού*, έθεσε τα θεμέλια για μια πραγματική «μέθοδο» του κλασικού χορού – σ' αυτόν οφείλουμε, μεταξύ άλλων, τη θέση ατιτίντ (*attitude*), την οποία εμπνεύστηκε από τη στάση του αγάλματος του Ερμή, φιλοτεχνημένου από το γλύπτη Τζανμπολόνια.

Η διδασκαλία του προώθησε σημαντικά το μπαλέτο.

Το δοκίμιο του Μπλάζις –όπως εκείνο του Νοβέρ– μιλούσε για τη σημασία της συνένωσης των τεχνών στο χορό. Ήδη, από εκείνη την εποχή, επιθυμούσαν να γίνει κατανοητό ότι η ικανότητα ενός χορευτή δεν έγκειται μόνο στο πόσο καλά ξέρει να χορεύει, αλλά και στη γνώση όλων των τεχνών που πλαισιώνουν το χορό.

Πράγματι, η γενικότερη παιδεία μπορεί να βοηθήσει ένα χορευτή να αναπτυχθεί και να ενισχύσει την ευαισθησία του, έτσι ώστε να βελτιωθεί η ερμηνεία του.

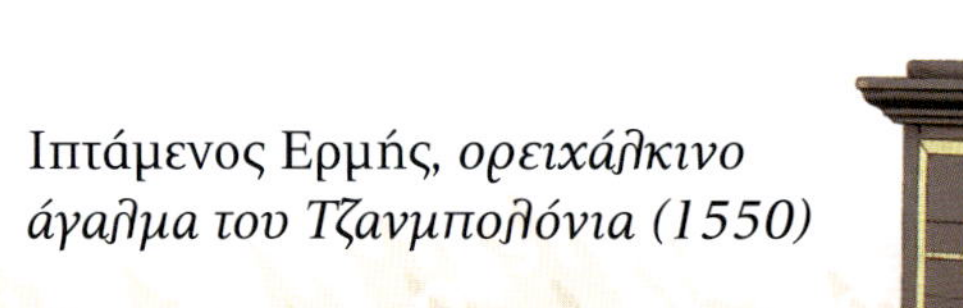

Ιπτάμενος Ερμής, *ορειχάλκινο άγαλμα του Τζανμπολόνια (1550)*

Χαρακτικό ρομαντικού ύφους, που απεικονίζει την Καρλότα Γκρίζι ως Ζιζέλ (περ. 1841), χορεύοντας σε πουέντ

Σε αντίθεση με το παρελθόν, που τα θέματα των μπαλέτων πήγαζαν από τη μυθολογία και την κλασική αρχαιότητα, το 19ο αιώνα το μπαλέτο επηρεάζεται από τη ρομαντική ατμόσφαιρα της περιόδου· οι ιστορίες μιλούν για άτυχους και θλιβερούς έρωτες και συχνά εκτυλίσσονται σε δύο συμπληρωματικούς χώρους: τον πραγματικό κόσμο και το μαγικό κόσμο της φαντασίας.

Η χορεύτρια, χάρη στην εξέλιξη της ενδυματολογίας, φορά μια λευκή μακριά τούλινη φούστα, την τιτί, και παπουτσάκια μπαλέτου με ενισχυμένες άκρες· είναι κι εκείνη ένα ρομαντικό και υπερφυσικό πλάσμα, που μοιάζει να αιωρείται πάνω από το έδαφος με μαγικό τρόπο, δίνοντας στους θεατές την αίσθηση ότι απομακρύνονται για λίγο από την καθημερινότητα.

Το πρώτο ρομαντικό μπαλέτο, *Η Συλφίδα*, παρουσιάστηκε πρώτη φορά στην Όπερα του Παρισιού στις 12 Μαρτίου 1832, με την Ιταλίδα μπαλαρίνα Μαρία Ταλιόνι στον πρωταγωνιστικό ρόλο και τον πατέρα της, Φιλίπο Ταλιόνι, ως χορογράφο. Η Ταλιόνι ήταν από τις πρώτες χορεύτριες που στάθηκαν στις μύτες των ποδιών τους, καθιερώνοντας έτσι την τεχνική των πουέντ.

Την ίδια περίοδο δημιουργούνται πολλά από τα πιο γνωστά ρομαντικά μπαλέτα, όπως η *Ζιζέλ*, το οποίο παρουσιάστηκε πρώτη φορά στις 28 Ιουνίου 1841 στην Όπερα του Παρισιού, ένα θέατρο που μετατρεπόταν σταδιακά σε ναό του χορού.

Ανάμεσα στα αστέρια του χορού εκείνης της εποχής συγκαταλέγονται η Καρλότα Γκρίζι –πρώτη ερμηνεύτρια της Ζιζέλ–, η Φάνι Έλσλερ, η Φάνι Τσέριτο και η Λουσίλ Γκραν, που χόρεψαν μαζί σ' ένα αξιομνημόνευτο πα ντε κατρ (Λονδίνο 1845), το οποίο χορογράφησε ειδικά γι' αυτές ο διάσημος Ζιλ Περό.

Η Μαρία Ταλιόνι και ο Ζοζέφ Μαζιλιέ, φορώντας τα κοστούμια της παράστασης Συλφίδα

Λιθογραφία ενός ρομαντικού μπαλέτου πα ντε κατρ

Το κλασικό μπαλέτο

Γύρω στα τέλη του 19ου αιώνα άρχισε να εξελίσσεται το λεγόμενο «κλασικό μπαλέτο», ένας όρος που υποδήλωνε μονάχα έναν περιορισμένο αριθμό ρωσικών μπαλέτων, όπως *Η Λίμνη των Κύκνων*, *Ο Καρυοθραύστης*, *Η Μπαγιαντέρα* και *Η Ωραία Κοιμωμένη*. Ο σπουδαίος χορογράφος που έμεινε στην ιστορία για τη συμβολή του σε αυτά τα μπαλέτα, τα οποία χαρακτηρίζονταν από θεαματικές φιγούρες και απαιτητικά βήματα, ήταν ο Μαριούς Ιβάνοβιτς Πετιπά (1818-1910).

Η τεχνική του χορού είχε ήδη εξελιχθεί σημαντικά, επιτρέποντας στις μπαλαρίνες να χορεύουν στις μύτες με όλο και μεγαλύτερη χάρη και ευλυγισία. Οι δάσκαλοι χορού ολοένα βελτίωναν την τεχνική των χορευτών και τους προετοίμαζαν με τέτοιον τρόπο, ώστε οι χορογράφοι μπορούσαν να δοκιμάζουν σύνθετες χορογραφίες, που θα αναδείκνυαν τις ικανότητές τους.

Στο μεταξύ, οι τιτί κόντυναν περισσότερο και έγιναν πολύ πιο άνετες και αφράτες, με πολλές στρώσεις από τούλια.

Την εποχή της μεγάλης δόξας του μπαλέτου διαδέχθηκε μια σταδιακή παρακμή, στα τέλη του 19ου αιώνα, που οφειλόταν στην έλλειψη σπουδαίων χορευτών και στην αδιαφορία σοβαρών μουσικών.

Ο αιώνας ολοκληρώθηκε με τη δυναμική εμφάνιση της Ισιδώρας Ντάνκαν (1877-1927), η οποία, απορρίπτοντας τη συμβατικότητα και αυστηρότητα του κλασικού χορού, χόρευε ξυπόλυτη και καλυμμένη με πέπλα, θέτοντας έτσι τις βάσεις του σύγχρονου χορού και ανοίγοντας το δρόμο για την ευρύτερη αποδοχή και αναγνώρισή του.

Πορτρέτο του χορογράφου Μαριούς Πετιπά

Ο 20ός αιώνας

Ο χορός αναγεννήθηκε χάρη σ' ένα σπουδαίο ιμπρεσάριο κυνηγό ταλέντων, τον Σεργκέι Ντιαγκίλεφ. Η καλλιτεχνική ευφυΐα του, σε συνδυασμό με την αγάπη του για το χορό, του επέτρεψαν να συσπειρώσει ιδιαίτερα ταλαντούχους καλλιτέχνες όλων των κλάδων· χορογράφοι, χορευτές, συνθέτες, ζωγράφοι και σκηνογράφοι συνεργάστηκαν με επιτυχία και δημιούργησαν σπουδαίες παραστάσεις.

Χάρη στην κρατική μέριμνα, αλλά κυρίως χάρη σε μια ομάδα σπουδαίων καλλιτεχνών, ο Ντιαγκίλεφ κατόρθωσε να κάνει γνωστά τα Ρωσικά Μπαλέτα του και τη δική του αισθητική αντίληψη σε ολόκληρη την Ευρώπη και την Αμερική. Στην ομάδα του ανήκαν οι χορευτές Βασλάφ Νιζίνσκι και Άννα Πάβλοβα, οι χορογράφοι Λεονίντ Μασίν και Τζορτζ Μπαλανσίν, και οι μουσικοί Ιγκόρ Στραβίνσκι, Κλοντ Ντεμπισί και Ερίκ Σατί.

Η φυσική χάρη της Ισιδώρας Ντάνκαν στην Όπερα του Παρισιού

Παλέ Γκαρνιέ, στα τέλη του 19ου αιώνα

Ιδιαίτερα σημαντική υπήρξε η συμβολή του Μιχαήλ Φοκίν, πρώτου χορογράφου του Ντιαγκίλεφ, ο οποίος ανανέωσε τη δομή του κλασικού μπαλέτου. Ο Φοκίν υποστήριζε ότι το κλασικό μπαλέτο είχε γίνει πολύ τεχνικό και ότι η ερμηνεία και η μουσική έπρεπε να παίζουν σημαντικότερο ρόλο στη χορογραφία. Επιπλέον, επανεξέτασε το ρόλο των χορευτών, τον οποίο είχαν παραμελήσει για μεγάλο διάστημα. Αποκορύφωμα αυτής της προσπάθειας για την επίτευξη ενιαίας καλλιτεχνικής έκφρασης στο μπαλέτο ήταν τα έργα *Πετρούσκα* και *Το πουλί της φωτιάς*.

Ο Σεργκέι Ντιαγκίλεφ, προστάτης των τεχνών και διευθυντής των Ρωσικών Μπαλέτων

THEATRE des CHAMPS-ELYSEES
13 & 15, AVENUE MONTAIGNE
10 Représentations des
BALLETS RUSSES
de SERGE DE DIAGHILEW

MERCREDI 15 DECEMBRE (1re Représentation)
PÉTROUCHKA
LE SACRE DU PRINTEMPS
LE TRICORNE

JEUDI 16 (2e Représentation)
LES FEMMES DE BONNE HUMEUR
LE SACRE DU PRINTEMPS
SHÉHÉRAZADE

SAMEDI 18 (3e Représentation)
LES SYLPHIDES
LE SACRE DU PRINTEMPS
DANSES DU PRINCE IGOR

DIMANCHE 19 MATINÉE
PÉTROUCHKA
LES FEMMES DE BONNE HUMEUR
SHÉHÉRAZADE

MARDI 21
SOIRÉE PICASSO
PULCINELLA
PARADE
LE TRICORNE

MERCREDI 22
CONTES RUSSES
LE SACRE DU PRINTEMPS
PÉTROUCHKA

VENDREDI 24 RÉVEILLON (7e Représentation)
LES SYLPHIDES
PARADE
DANSES DU PRINCE IGOR
SHÉHÉRAZADE

SAMEDI 25
SOIRÉE STRAVINSKY
PULCINELLA
LE SACRE DU PRINTEMPS
PÉTROUCHKA

DIMANCHE 26 SOIRÉE
CONTES RUSSES
PARADE
LES SYLPHIDES

LUNDI 27 (10e Représentation)
LES FEMMES DE BONNE HUMEUR
LE SACRE DU PRINTEMPS

Ένα πρόγραμμα του θεάτρου

Οι μεγάλες αλλαγές που προέκυψαν από την ομάδα των Ρωσικών Μπαλέτων προκάλεσαν ποικίλες αντιδράσεις στο κοινό.

Η στάση του σώματος του χορευτή, που ήταν στραμμένο προς τα μέσα και με τα πόδια γυρισμένα προς στο εσωτερικό, είναι ένα μόνο παράδειγμα των καινοτομιών που εισήγαγε η ομάδα. Επιπλέον, ώθησε τους χορογράφους και τους συνθέτες να συνεργάζονται για τη δημιουργία νέων μπαλέτων, υπογραμμίζοντας το δεσμό της μουσικής με το χορό.

Ένα ακόμα στοιχείο στο οποίο ο Ντιαγκίλεφ έδινε ιδιαίτερη σημασία ήταν η σκηνογραφία· τα υπέροχα σκηνικά, το φόντο και τα μυθικά κοστούμια συνέβαλλαν στην επιτυχία των παραστάσεων. Ο ίδιος, μάλιστα, ζήτησε τη βοήθεια διάσημων καλλιτεχνών, όπως ο Πάμπλο Πικάσο και ο Ανρί Ματίς.

Στα χρόνια που ακολούθησαν και κατά τη διάρκεια του 20ού αιώνα, ο σύγχρονος χορός εξελίχθηκε και προέκυψαν πολλά νέα ρεύματα.

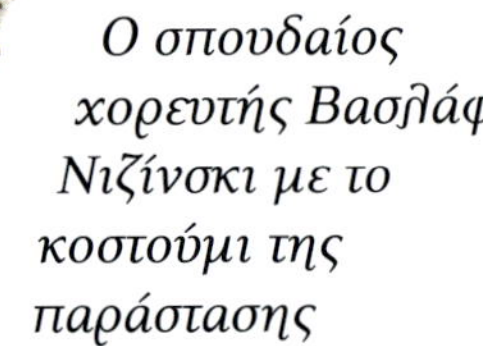

Ο σπουδαίος χορευτής Βασλάφ Νιζίνσκι με το κοστούμι της παράστασης

Η Άννα Πάβλοβα

Ο λεγόμενος «σύγχρονος χορός» χρησιμοποιεί διαφορετικές τεχνικές και μορφές έκφρασης από τον κλασικό χορό, και προτείνει νέες κινήσεις που βασίζονται στις αρχές των κοιλιακών συσπάσεων, όπως παρατηρούμε, για παράδειγμα, στην τεχνική της Μάρθα Γκράχαμ, της διάσημης Αμερικανίδας χορεύτριας, που θεωρείται μητέρα του σύγχρονου χορού.

Οι σημερινοί χορογράφοι, λοιπόν, απαλλαγμένοι από την αυστηρότητα των τεχνικών του κλασικού μπαλέτου, εμπνέονται όλο και πιο ελεύθερα από διάφορα είδη και στυλ χορού, ώστε να επινοούν καινούριες κινήσεις, δίνοντας πάντα έμφαση στην έκφραση των συναισθημάτων.

Η Βέρα και ο Μιχαήλ Φοκίν, ζευγάρι στη σκηνή και στη ζωή, στη Σεχραζάτ

Χορογραφία από την Ομάδα Χορού της Μάρθα Γκράχαμ (Martha Graham Dance Company)

ΜΑΘΗΜΑ ΧΟΡΟΥ

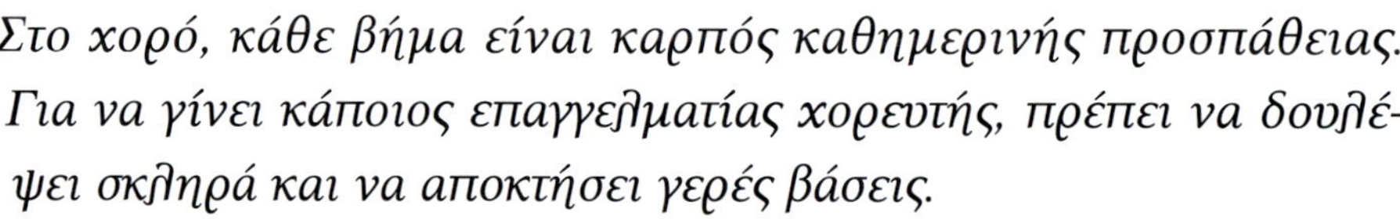

Στο χορό, κάθε βήμα είναι καρπός καθημερινής προσπάθειας. Για να γίνει κάποιος επαγγελματίας χορευτής, πρέπει να δουλέψει σκληρά και να αποκτήσει γερές βάσεις.

Γι' αυτό καλό είναι να ξεκινήσετε μαθήματα νωρίς, ώστε να μάθετε τα βασικά βήματα και τις στάσεις, αλλά και να κινείστε στο ρυθμό της μουσικής.

Σε ποια ηλικία όμως θα πρέπει να αρχίσετε τα μαθήματα χορού;

Παρόλο που μπορείτε να ξεκινήσετε μαθήματα σε ηλικία τεσσάρων ή πέντε ετών, είναι προτιμότερο στα έξι χρόνια, γιατί σ' αυτή την ηλικία μαθαίνετε ευκολότερα ό,τι σας διδάσκουν και είστε έτοιμοι να εκτελέσετε με τον καλύτερο δυνατό τρόπο τις ασκήσεις.

Για να γίνει κάποιος σωστός επαγγελματίας, πρέπει κατ' αρχάς να μελετήσει καλά τη βασική τεχνική του χορού, ή να ξεκινήσει με μια σειρά ασκήσεων που γίνονται τόσο στην μπάρα όσο και στο κέντρο της αίθουσας, οι οποίες θα τον βοηθήσουν να τοποθετεί σωστά το σώμα του στο χώρο.

Ο κλασικός χορός δεν ακολουθεί μία μόνο μέθοδο· υπάρχουν πολλές διαφορετικές τεχνικές, όπως, για παράδειγμα, αυτή της Βαγκάνοβα, της Τσεκέτι ή της Βασιλικής Ακαδημίας Χορού. Στις σελίδες που ακολουθούν, θα γνωρίσετε κάποιες από αυτές.

Πώς να επιλέξετε μια σχολή χορού

Η επιλογή της σχολής χορού έχει πολύ μεγάλη σημασία, αφού τα αποτελέσματα δεν εξαρτώνται μόνο από τη δική σας ενασχόληση και τον κόπο, αλλά και από τη διδασκαλία και την καθοδήγηση που θα έχετε στην πορεία.

Μπαλαρίνα που φοράει τις πουέντ

Προσοχή, λοιπόν! Μια πραγματική σχολή χορού, αντάξια του ονόματός της, πρέπει να πληροί τις ακόλουθες προϋποθέσεις:

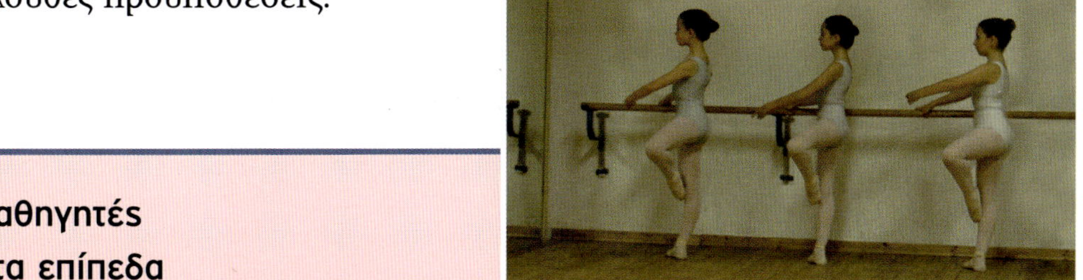

Μαθήτριες στην μπάρα

- **Διπλωματούχοι καθηγητές**
- **Τμήματα για όλα τα επίπεδα**
- **Φιλόξενο και φωτεινό περιβάλλον**
- **Ευρύχωρα αποδυτήρια**
- **Χώροι υγιεινής**
- **Ντους**
- **Κατάλληλη αίθουσα χορού**

Η αίθουσα χορού είναι πολύ σημαντική. Πρόκειται για ένα χώρο όπου θα περνάτε πολύ χρόνο, γι' αυτό θα πρέπει να διαθέτει κάποια συγκεκριμένα χαρακτηριστικά:

- **Ευρύχωρη και ευάερη**
- **Φωτεινή**
- **Ξύλινο πάτωμα, υπερυψωμένο κατά 15-20 εκ. τουλάχιστον**
- **Μπάρες διπλού ύψους**
- **Τοίχοι καλυμμένοι με καθρέφτες**
- **Πιάνο**
- **Καλή στερεοφωνική εγκατάσταση**

Οι δάσκαλοι

Είναι πολύ σημαντικό να μπορείτε να αναγνωρίζετε την κατάρτιση των δασκάλων σας, οι οποίοι πρέπει να έχουν πιστοποιητικά που να δείχνουν ότι έχουν περάσει από εξετάσεις και είναι ικανοί να διδάξουν. Το βιβλίο αυτό θα σας βοηθήσει να κατανοήσετε αν είστε στο σωστό δρόμο.

Συχνά, η απειρία κάποιων δασκάλων μπορεί να προκαλέσει σοβαρά προβλήματα στους επίδοξους χορευτές· λανθασμένη στάση του σώματος, για παράδειγμα, ή πρόωρη χρήση των πουέντ είναι δύο από τους παράγοντες που μπορούν να επιφέρουν βλάβες στα οστά, στις αρθρώσεις και στη σπονδυλική στήλη.

Ο σωστός δάσκαλος, λοιπόν, πρέπει να προτείνει ένα πρόγραμμα κατάλληλο για την ηλικία σας, οργανωμένο με τέτοιον τρόπο ώστε να ακολουθεί την ανάπτυξή σας, αλλά ταυτόχρονα είναι απαραίτητο να ακολουθεί ο ίδιος μια συγκεκριμένη μέθοδο διδασκαλίας.

Βασικοί κανόνες

Πάνω απ' όλα πρέπει να αντιμετωπίζετε τα μαθήματα χορού με σοβαρότητα και αφοσίωση.

Βασικός κανόνας είναι να μην κουράζεστε ποτέ να επαναλαμβάνετε τις ασκήσεις! Πρέπει να φροντίζετε ώστε να τις εκτελείτε όλο και πιο σωστά, στην προσπάθειά σας να τελειοποιήσετε την τεχνική σας.

Να θυμάστε, επίσης, ότι κάθε απουσία από το μάθημα χορού θα εμποδίζει τη σωστή προετοιμασία και εξέλιξή σας.

Ο χορός είναι πρώτα απ' όλα τέχνη κι όποιος επιλέγει να τον ακολουθήσει πρέπει να τον αντιμετωπίζει ως προορισμό και να αφοσιώνεται απόλυτα στο στόχο του, κάνοντας αρκετές θυσίες. Απαιτείται, με λίγα λόγια, επίπονη προσπάθεια και ωριμότητα.

Τέλος, είναι πολύ σημαντικό να είστε πάντα περιποιημένοι και καθαροί, με τα μαλλιά σας χτενισμένα και πιασμένα· η εμφάνισή σας δείχνει το σεβασμό που έχετε για το σώμα σας και για όσους βρίσκονται δίπλα σας.

Μια συμβουλή

Αν θέλετε να γίνετε επαγγελματίας, καλό είναι να διαβάζετε βιβλία για την ιστορία του χορού και την τεχνική του, αλλά και βιβλία σχετικά με τη θεωρία της μουσικής και το σολφέζ. Η πλούσια καλλιτεχνική συγκρότηση θα συμβάλει στη γενικότερη βελτίωση της προετοιμασίας σας.

Μπορείτε επίσης να ενημερώνεστε για τις τελευταίες εξελίξεις μέσα από περιοδικά σχετικά με το χορό.

Η ενδυμασία

Το μάθημα αποτελεί πολύ σημαντική στιγμή στη ζωή ενός χορευτή. Εκτός του ότι πρέπει να βρίσκεται στην κατάλληλη ψυχολογική κατάσταση –να είναι συγκεντρωμένος, αφοσιωμένος και με θέληση–, βασικό ρόλο παίζει το κατάλληλο ντύσιμο, το οποίο καθορίζεται από το είδος του χορού.

Στον κλασικό χορό, αν η σχολή δε διαθέτει κάποια υποχρεωτική στολή –συνήθως κολάν και κορμάκι συγκεκριμένου χρώματος, για παράδειγμα, μαύρο κολάν και κόκκινο κορμάκι–, ο κανόνας προβλέπει κολάν και κορμάκι, στα οποία μπορούν να προστεθούν ελαστικό σορτσάκι ή μίνι δετή φουστίτσα.

Αυτό που έχει σημασία, πάντως, είναι τα ρούχα να μην εμποδίζουν την κίνηση και να επιτρέπουν στο δάσκαλο να παρατηρεί κάθε λεπτομέρεια και να διορθώνει τυχόν λάθη.

Τα μαλλιά πρέπει να είναι καλά πιασμένα, όχι μόνο για λόγους αισθητικής, αλλά ώστε να μην εμποδίζουν στη διάρκεια των ασκήσεων και να μην καλύπτουν τις κινήσεις του λαιμού.

Η φουστίτσα σίγουρα δίνει χάρη, αλλά δεν πρέπει να εφαρμόζει στα υπόλοιπα ρούχα. Το σημαντικότερο, στη διάρκεια των μαθημάτων, δεν είναι να απολαμβάνετε την εικόνα σας στον καθρέφτη, όσο να αισθάνεστε τις κινήσεις σας και να βλέπετε πώς δουλεύει το σώμα σας· τίποτα περισσότερο.

Όταν κάνει κρύο το χειμώνα, στη διάρκεια της προθέρμανσης μπορεί να χρειαστείτε γκέτες. Το σωστό, όμως, είναι να τις φοράτε όσο χρειάζεται και μετά να τις αφαιρείτε, για να φαίνονται οι μύες του ποδιού.

Αρχικά χρησιμοποιείτε ντεμί πουέντ –υφασμάτινες ή δερμάτινες–, εξοπλισμένες με κορδέλες ή λάστιχα, και αργότερα φοράτε πουέντ.

Στη διάρκεια των επιδείξεων, οι μαθήτριες μπορούν να φορέσουν την κλασική τιτί –την πιο κοντή εκδοχή της– ή τη ρομαντική – μακριά με πολύ τούλι. Παρόλο που παραδοσιακά είναι λευκές, διατίθενται και οι δύο σε πολλά χρώματα και σχέδια, ενώ και οι πουέντ μπορεί να έχουν διάφορα χρώματα.

Τα μαλλιά μπορούν να είναι πιασμένα με διάφορους τρόπους, από κλασικό κότσο μέχρι να πλεχτούν σε κοτσίδα και να πιαστούν στην κορυφή του κεφαλιού με κορδέλες, τιάρες κ.ά.

Για το σύγχρονο χορό και τις χορογραφίες της τζαζ μουσικής, εκτός από τα βασικά ενδύματα –κορμάκι και καλσόν– μπορείτε να φορέσετε παντελόνι –παντελόνι τζαζ, κοντό παντελόνι ή φόρμα– και μπλουζάκια κάθε είδους, πάντα εφαρμοστά για να διακρίνονται οι κινήσεις του σώματος, αλλά ποτέ ιδιαίτερα στενά, άβολα ή βαριά.

Χρησιμοποιούνται και άλλα είδη παντελονιών και μπλούζες πάνω από το κορμάκι, τόσο για να διατηρείται ζεστό το σώμα όσο και στα ελεύθερα μαθήματα, όπου δεν απαιτείται ένα συγκεκριμένο ντύσιμο.

Μεγαλύτερη ελευθερία υπάρχει και στον τομέα της κόμμωσης· είναι καλύτερο πάντως τα μαλλιά να είναι πιασμένα αλογοουρά ή κοτσίδα στη διάρκεια του μαθήματος.

Στο σύγχρονο χορό, τα πόδια μπορεί να είναι γυμνά και να έρχονται έτσι σε επαφή με το δάπεδο. Μπορούν επίσης να χρησιμοποιηθούν ειδικοί υφασμάτινοι επίδεσμοι στο χρώμα του δέρματος, που προστατεύουν το δέρμα από πιθανές εκδορές και διευκολύνουν την κίνηση του χορευτή.

Για την τζαζ προτιμήστε τις νάιλον κάλτσες –και όχι μάλλινες γιατί γλιστράνε– ή τα κατάλληλα παπούτσια με κορδόνια, και για τα κορίτσια εκείνα που δένουν μπροστά κι έχουν λαστιχένιο πέλμα και ελαστικό τακούνι. Τα ρούχα για τις επιδείξεις ποικίλλουν και η επιλογή εξαρτάται από το θέμα της χορογραφίας.

Στον καρακτέρ, το ντύσιμο αποτελεί μέρος του μαθήματος και πρέπει να χρησιμοποιείται τόσο στην αίθουσα όσο και στη σκηνή. Τα παπούτσια με τακούνι, οι μπότες ή η φούστα συμπληρώνουν τις κινήσεις και παίζουν καθοριστικό ρόλο.

Στο στριτ ντανς, το παντελόνι πρέπει να είναι φαρδύ, ποτέ στενό, γιατί λειτουργεί ως ενισχυτής της κίνησης. Σε ορισμένα βήματα, μάλιστα, τα χέρια πιάνουν το παντελόνι και το χρησιμοποιούν σαν να είναι ο μηχανισμός που κινεί τα πόδια.

Τα αθλητικά παπούτσια που χρησιμοποιούνται στα μαθήματα ή στις παραστάσεις του χιπ χοπ πρέπει να είναι άνετα και εύκαμπτα, αλλά να δίνουν την εντύπωση ότι είναι πολύ βαριά και γερά. Για ορισμένες κινήσεις και ειδικά για την προπόνηση, προβλέπεται η χρήση των επιγονατίδων.

Η σωστή διατροφή

Όταν κάποιος έχει πάθος με το χορό, θα πρέπει να μπορεί να διατηρεί τον ενθουσιασμό του και τη θέλησή του να βελτιώνεται διαρκώς, ανεξάρτητα από το χρόνο και τις συνθήκες. Η διατήρηση όμως του σωστού βάρους, που συμβάλλει στη βελτίωση των αθλητικών μας επιδόσεων, παίζει πολύ σημαντικό ρόλο.

Η καθημερινή άσκηση απαιτεί πολλή ενέργεια· η απότομη μείωση των θερμίδων ή του φαγητού σημαίνει λιγότερη ενέργεια στους μυς και μακροπρόθεσμα προκαλεί μόνιμες βλάβες.

Η απώλεια βάρους δεν ωφελεί, αν το μοναδικό αποτέλεσμα είναι ότι φαινόμαστε πιο αδύνατοι. Για το χορό είναι απαραίτητο να είστε σε άψογη φόρμα, τόσο σωματικά όσο και ψυχικά, και το τελευταίο πράγμα που θα πρέπει να σκέφτεστε είναι λίγα επιπλέον γραμμάρια!

Κάθε άνθρωπος έχει ένα συγκεκριμένο σωματότυπο, που συνδέεται άμεσα με το μεταβολισμό του. Ένας διατροφολόγος μπορεί να υποδείξει μια διατροφή ειδική για εσάς, πλούσια και ισορροπημένη, παρ' όλα αυτά μπορείτε να ακολουθήσετε και κάποιες γενικές συμβουλές.

Καθημερινά λάθη

Παράλειψη ενός γεύματος Στο επόμενο γεύμα το σώμα σας θα προσπαθήσει να αναπληρώσει τρώγοντας ό,τι δεν του δώσατε προηγουμένως.

Διατροφή με βάση μία μόνο διατροφική ομάδα ή ένα μόνο φαγητό. Η τακτική αυτή δεν οδηγεί σε απώλεια βάρους. Το σώμα σας θυμάται την έλλειψη φαγητού και μόλις του δώσετε φαγητό μιας διαφορετικής ομάδας, που του στερούσατε για μεγάλο διάστημα, θα αρχίσει να απορροφά όσο περισσότερες θρεπτικές ουσίες μπορεί, προκαλώντας την υπερβολική συσσώρευσή τους.

Κατάργηση των υδατανθράκων και του λίπους από τη διατροφή σας

Είναι σαν να αφαιρείτε καύσιμο από ένα αυτοκίνητο πριν από ένα μεγάλο, ανηφορικό ταξίδι. Πρέπει να παίρνετε ακόρεστους υδατάνθρακες και λίπη σε ποσότητες τις οποίες είστε σε θέση να κάψετε χορεύοντας, χωρίς να υπερβάλλετε. Αν τα αφαιρέσετε τελείως από τη διατροφή σας, θα προκαλέσετε σοβαρά προβλήματα στους μυς και γενικότερα στο μεταβολισμό σας.

Αντικατάσταση της κανονικής διατροφής με μπάρες δημητριακών και κατανάλωση προϊόντων χωρίς ζάχαρη. Οι μπάρες, στην πραγματικότητα, έχουν πολλές θερμίδες –όπως και ζωικό λίπος– και τα προϊόντα χωρίς ζάχαρη μπορεί να περιέχουν ουσίες που, σε μεγάλες δόσεις, βλάπτουν το μεταβολισμό.

Γενικά, για μια σωστή διατροφή πρέπει να πίνετε πολύ νερό, να επιλέγετε φρέσκα προϊόντα, να τρώτε αργά και να μασάτε καλά για να διευκολύνετε την πέψη. Εκτός των γευμάτων πρέπει να καταναλώνετε φρούτα ή, κάποιες φορές, ένα μικρό κομματάκι σοκολάτας.

Προτεινόμενο μενού

ΠΡΩΙΝΟ: γιαούρτι, φρούτα, μούσλι, μαζί με ένα φλιτζάνι γάλα, καφέ ή τσάι

ΜΕΣΗΜΕΡΙΑΝΟ: ζυμαρικά ή ρύζι, κατά προτίμηση απλά μαγειρεμένα, μαζί μ' ένα πιάτο λαχανικά (ωμά καρότα, σπανάκι, ντομάτες, μαρούλι, αγγούρι)

ΒΡΑΔΙΝΟ: κρέας ή ψάρι, ανθότυρο ή άλλα τυριά χωρίς λιπαρά και μια πλούσια ανάμεικτη σαλάτα, κατά προτίμηση πριν από το φαγητό

Τέλος, να θυμάστε ότι, στη διάρκεια των γευμάτων, μπορείτε να φάτε και μια φέτα μαύρο ψωμί.

Οι βασικές ασκήσεις

Υπάρχουν πολλές ασκήσεις με τις οποίες μπορείτε να ξεκινήσετε τις σπουδές σας στο χορό. Εδώ θα δείτε ορισμένες μόνο. Είναι σημαντικό να καταλάβετε για ποιο λόγο εκτελούνται. Πρέπει να ξέρετε, για παράδειγμα, ότι πετυχαίνετε πιο εύκολα το αν ντεόρ (*en dehors*), δηλαδή την περιστροφή των μηριαίων αρθρώσεων, σφίγγοντας τους γλουτούς και τους μυς της μέσης, διατηρώντας ταυτόχρονα σε ορθή γωνία τη σπονδυλική στήλη.

Η θέση αν ντεόρ είναι απαραίτητη για να δώσει στα άνω άκρα την ελευθερία κίνησης σε κάθε κατεύθυνση. Η σωστή θέση επιτυγχάνεται έπειτα από χρόνια μελέτης ως αποτέλεσμα συγκεκριμένων ασκήσεων που γίνονται, ώστε «να στραφεί προς τα έξω» το πόδι από την άρθρωση των γοφών, χωρίς να τεντώνονται τα νεύρα ή οι μύες. Ακολουθούν οι πιο βασικές ασκήσεις.

Προπαιδευτική

Το μάθημα της προπαιδευτικής είναι θεμελιώδες. Μαθαίνετε πώς να κινείστε, πώς να χρησιμοποιείτε το χώρο, πώς να διαχειρίζεστε την ενέργειά σας, να τοποθετείτε το βάρος του σώματός σας, να διατηρείτε την ισορροπία σας και να αρχίζετε να «μετράτε» το χρόνο και το ρυθμό της μουσικής.

Πόδια φλεξ και πόιντ

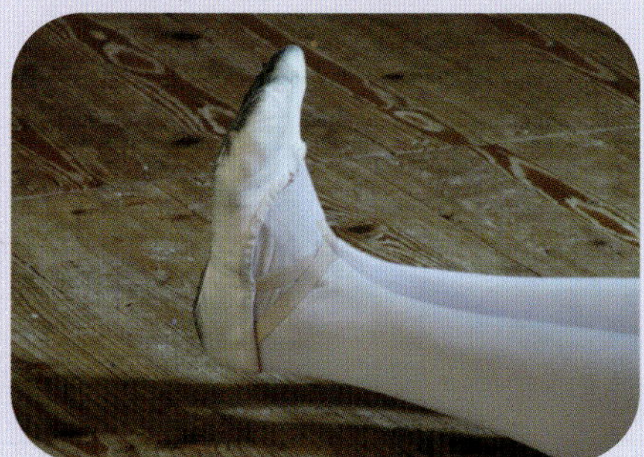

Όταν λυγίζετε τα πόδια, ανασηκώστε τις φτέρνες από το έδαφος και τεντώστε καλά τα γόνατα.

Όταν τεντώνετε τα πόδια, προσπαθήστε να αγγίξετε το έδαφος με τις μύτες.

Αυτή είναι μια άσκηση για να επεκτείνετε και να διατηρήσετε ίσια τη σπονδυλική στήλη! Εκπνοή, ανοίξτε και λυγίστε τα πόδια, σπρώξτε τις φτέρνες προς τα επάνω, ακουμπήστε τα χέρια στο εσωτερικό των γονάτων και διατηρήστε ίσιο το κεφάλι σας. Μην τραβάτε ποτέ τα πόδια! Μπορεί να κάνετε κακό στα νεύρα και στους αστραγάλους.

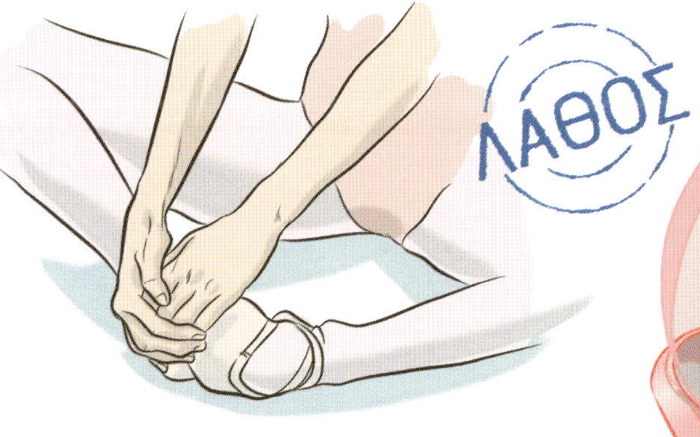

Οι βασικές ποζισιόν

Οι ποζισιόν των ποδιών και των χεριών αποτελούν τις βασικές στάσεις του σώματος, στις οποίες στηρίζεται όλη η τεχνική του κλασικού χορού.

Δεν είναι σωστό βέβαια να μιλάμε για ποζισιόν των ποδιών, γιατί στην πραγματικότητα η στάση ολόκληρων των κάτω άκρων, από τους γοφούς και κάτω, είναι αυτή που καθορίζει την κατεύθυνση και τη θέση του ποδιού.

Τα χέρια σάς βοηθούν να παίρνετε δύναμη, χαρίζουν εκφραστικότητα και χάρη, ενώ πλαισιώνουν το κεφάλι.

Αρχικά μαθαίνετε τις ποζισιόν των ποδιών, οι οποίες είναι πέντε. Ξεκινάτε πρώτα με τα δύο χέρια στην μπάρα, μετά με το ένα και τέλος περνάτε για να κάνετε εξάσκηση στο κέντρο της αίθουσας. Ακολουθήστε τις παρακάτω οδηγίες.

Οι ποζισιόν των ποδιών

ΠΡΩΤΗ

Τα ισχία είναι στραμμένα προς τα έξω και οι φτέρνες ακουμπούν η μία την άλλη. Τα γόνατα είναι ευθυγραμμισμένα πάνω από τα πέλματα.

ΔΕΥΤΕΡΗ

Τα πόδια είναι στραμμένα προς τα έξω και σχηματίζουν μια ευθεία γραμμή όπως και στην πρώτη ποζισιόν, αλλά είναι ανοιχτά σε απόσταση ίση με το πλάτος των ώμων σας.

ΤΡΙΤΗ

Τα πόδια είναι ενωμένα και στραμμένα προς τα έξω, το μπροστινό πόδι κλείνει στο μέσο της καμάρας του άλλου.

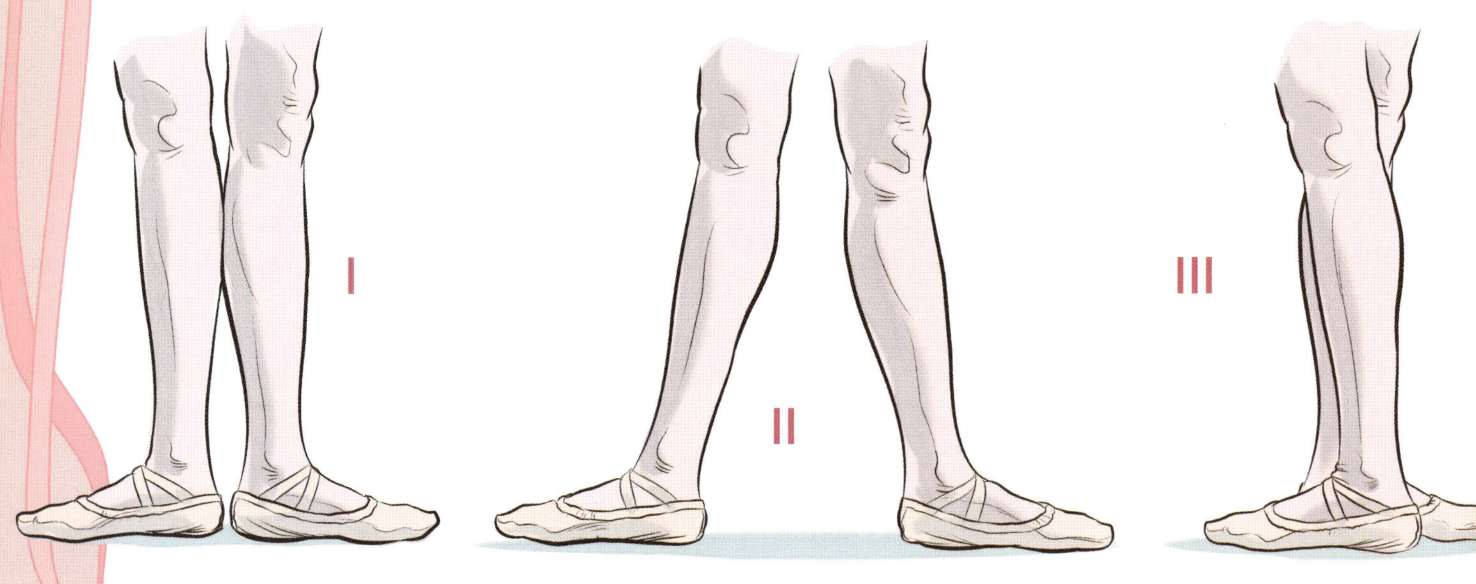

Μια και ο κλασικός χορός βασίζεται στη θεμελιώδη αρχή του αν ντεόρ –δηλαδή τη στροφή προς τα έξω–, στην εκτέλεση αυτών των ποζισιόν πρέπει ο χορευτής να δείχνει στο κοινό το εσωτερικό των κάτω άκρων του, και κατά συνέπεια τα πόδια πρέπει να είναι στραμμένα προς τα έξω 90° σε σχέση με τον κεντρικό άξονα του σώματος. Το πέλμα πρέπει να πατά ολόκληρο στο έδαφος, τα δάχτυλα πρέπει να είναι χαλαρά και ποτέ μαζεμένα, με τους αστραγάλους πολύ καλά στηριγμένους.

Κάθε βήμα και κίνηση αρχίζει και τελειώνει με μία από αυτές τις ποζισιόν, γι' αυτό είναι πολύ σημαντικό να τις γνωρίζετε και να τις εκτελείτε σωστά.

Να θυμάστε ότι πρέπει να είστε πολύ συγκεντρωμένοι στη διάρκεια του μαθήματος. Μια μικρή αστάθεια στις κινήσεις θα χαλάσει όλη την εμφάνισή σας.

ΤΕΤΑΡΤΗ

Τα πέλματα έχουν μικρή απόσταση μεταξύ τους, είναι στραμμένα προς τα έξω και τοποθετημένα παράλληλα, το ένα μπροστά στο άλλο. Τα δάχτυλα του μπροστινού ποδιού βρίσκονται μπροστά από τη φτέρνα του πίσω ποδιού.

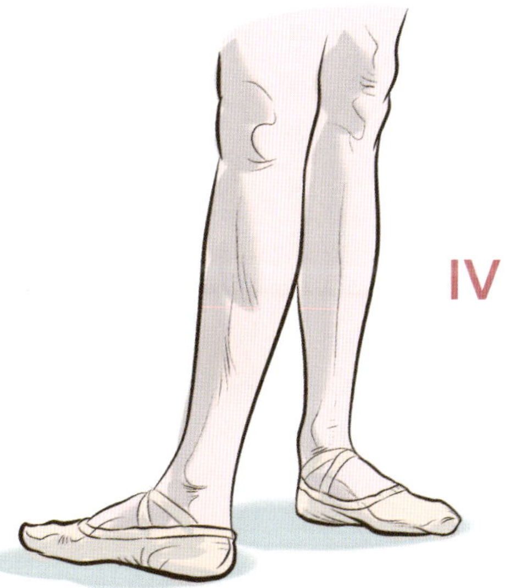

ΠΕΜΠΤΗ

Τα πόδια είναι ενωμένα και στραμμένα προς τα έξω όπως και στην τρίτη ποζισιόν, το ένα μπροστά από το άλλο. Τα δάχτυλα του μπροστινού ποδιού βρίσκονται μπροστά από τη φτέρνα του πίσω ποδιού.

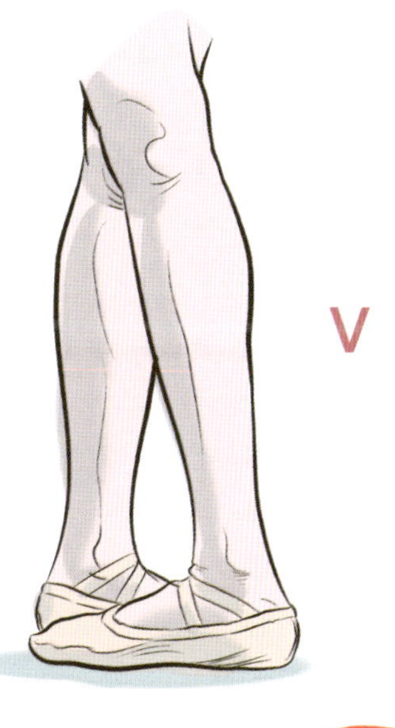

Οι θέσεις των χεριών

Τα χέρια πρέπει να είναι σταθερά και με μια ελαφριά στρογγυλότητα. Είναι πολύ σημαντικό να μην ανασηκώνετε τους ώμους.

Όσον αφορά τις θέσεις των χεριών, στον κλασικό χορό οι διάφορες μέθοδοι –Βαγκάνοβα, Βασιλικής Ακαδημίας Χορού, Τσεκέτι– έχουν κάποια κοινά και κάποια διαφορετικά χαρακτηριστικά, πράγμα που ισχύει και για άλλες ποζισιόν.

Η μέθοδος Βαγκάνοβα περιλαμβάνει μονάχα τρεις θέσεις των χεριών (πρώτη, δεύτερη και τρίτη). Άλλες μέθοδοι χρησιμοποιούν πέντε, που δεν είναι πάντα ίδιες μεταξύ τους.

Για όλες τις μεθόδους, ωστόσο, ισχύουν οι ποζισιόν μπρα μπα (*bras bas*), η πρώτη, η δεύτερη, η αλονζέ (*allongée*) και η ντεμί σεκόντ (*demi-seconde*).

Για όλες τις μεθόδους

ΕΙΣΑΓΩΓΙΚΗ

Τα χέρια είναι στραμμένα προς τα κάτω χωρίς να ακουμπούν στο σώμα, σε σχήμα οβάλ. Τα δάχτυλα είναι κοντά το ένα στο άλλο και οι παλάμες στραμμένες προς το εσωτερικό, αλλά δεν αγγίζονται. Για να διατηρείτε τις μασχάλες ελεύθερες, υποθέστε ότι έχετε δύο μπαλάκια του τένις κάτω από τα χέρια και πρέπει να τα κρατήσετε.

ΠΡΩΤΗ

Τα χέρια στρογγυλεύουν στο ύψος του αφαλού. Προσοχή! Οι αγκώνες δεν πρέπει να πέφτουν! Για να το αποφύγετε, φανταστείτε ότι κρατάτε ένα μπαλόνι ανάμεσα στα χέρια.

ΔΕΥΤΕΡΗ

Τα χέρια είναι ανοιχτά στο πλάι, ελαφρώς πιο κάτω από το ύψος των ώμων, και οι παλάμες στραμμένες προς τα εμπρός. Φροντίστε ώστε να μην πέφτουν οι αγκώνες και τα χέρια να είναι τεντωμένα με τέτοιον τρόπο ώστε να μη χαλάει η γραμμή.

Η αλονζέ είναι μια συγκεκριμένη κίνηση των χεριών που μπορεί να εκτελεστεί σε όλες τις θέσεις. Τεντώνουμε τα χέρια με την κίνηση να ξεκινά από τα δάχτυλα.

Η ντεμί σεκόντ είναι μια ενδιάμεση θέση ανάμεσα στην εισαγωγική (μπρα μπα) και τη δεύτερη· τα χέρια σχηματίζουν ένα ωοειδές σχήμα και είναι ελαφρώς χαμηλότερα απ' ό,τι στη δεύτερη θέση. Την ποζισιόν αυτή χρησιμοποιούσαν κυρίως στους ιστορικούς χορούς. Ανάγεται στις αρχές του 20ού αιώνα, όταν η δεύτερη ποζισιόν γινόταν συνήθως χαμηλότερα σε σχέση με τη σημερινή.

Μέθοδος Βαγκάνοβα

ΤΡΙΤΗ

Τα χέρια είναι σηκωμένα πάνω από το κεφάλι, ελαφρώς στραμμένα προς τα εμπρός και λυγισμένα, σε απόσταση περίπου 5 εκ. μεταξύ τους, ενώ οι παλάμες είναι στραμμένες προς τα κάτω.

ΤΕΤΑΡΤΗ

Δεν υπάρχει.

ΠΕΜΠΤΗ

Δεν υπάρχει.

Μέθοδος Βασιλικής Ακαδημίας

ΤΡΙΤΗ

Το ένα χέρι είναι ανοιχτό στο πλάι όπως και στη δεύτερη ποζισιόν, και το άλλο είναι μπροστά και λυγισμένο όπως στην πρώτη.

ΤΕΤΑΡΤΗ

Το ένα χέρι είναι ψηλά και λυγισμένο όπως στην πέμπτη, ενώ το άλλο είναι ανοιχτό στο πλάι όπως στη δεύτερη.

ΠΕΜΠΤΗ

Τα χέρια είναι σηκωμένα πάνω από το κεφάλι, ελαφρώς στραμμένα προς τα εμπρός και λυγισμένα, σε απόσταση περίπου 5 εκ. μεταξύ τους, ενώ οι παλάμες είναι στραμμένες προς τα κάτω.

IV

V

III

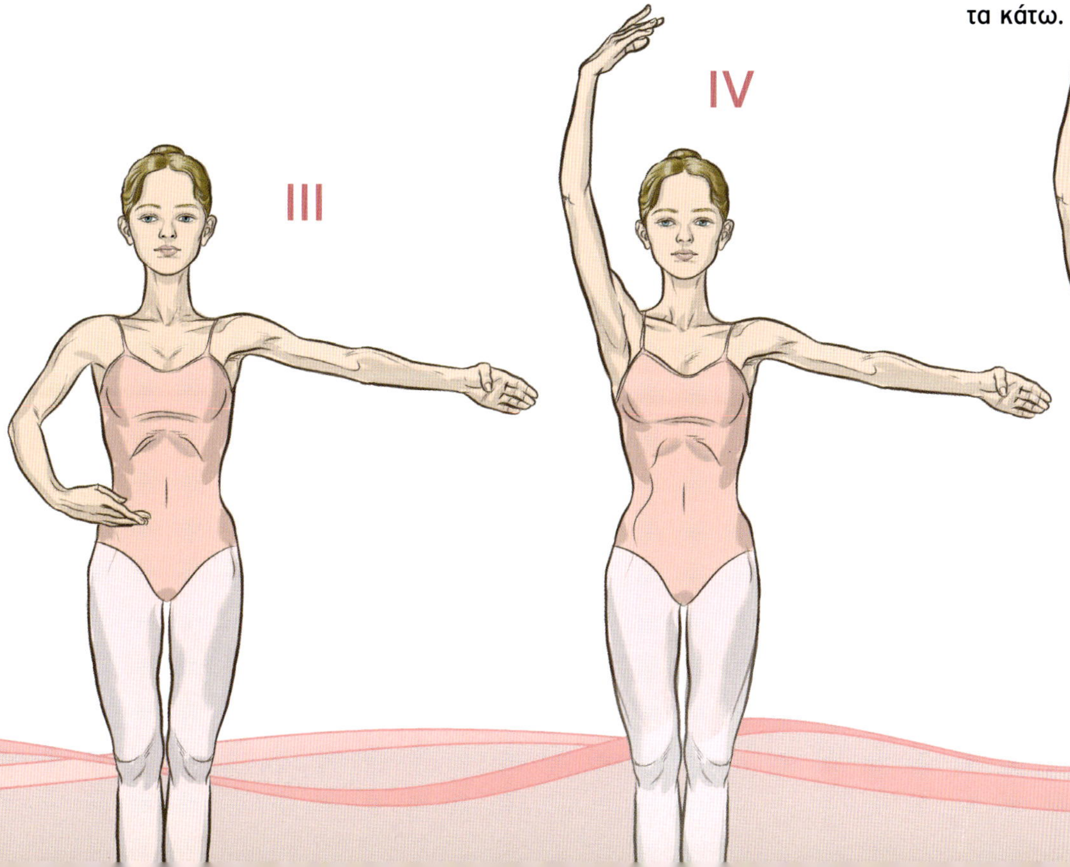

Στάση του σώματος

Στον κλασικό χορό η στάση του σώματος παίζει σημαντικό ρόλο· η σωστή θέση του κορμού και των άκρων είναι μια γερή βάση για ισορροπημένες και αρμονικές κινήσεις.

Τα σημεία στήριξης είναι τα πόδια, η λεκάνη, η πλάτη και οι ώμοι. Η γραμμή που διακρίνετε στην εικόνα αντιπροσωπεύει τον κατακόρυφο άξονα που περνά από το κέντρο του σώματος.

Σφίξτε τους μυς των γλουτών για να μην πετούν προς τα έξω και για να διατηρήσετε την περιστροφή των κάτω άκρων προς το εσωτερικό της λεκάνης, το λεγόμενο αν ντεόρ.

Κρατήστε τους ώμους σας κατακόρυφους ως προς τη λεκάνη και το κέντρο της καμάρας του ποδιού, και προσπαθήστε να αισθανθείτε ίσια τη σπονδυλική σας στήλη.

Το βάρος του σώματος πέφτει στο κέντρο, μοιρασμένο ανάμεσα στα πέλματα, και εκτείνεται προς τα πάνω. Για μια σωστή τοποθέτηση, πολύ σημαντικό ρόλο παίζουν οι κοιλιακοί μύες. Η σύσπασή τους θα σας βοηθήσει να είστε σε εγρήγορση και να ρουφάτε την κοιλιά και την πλάτη. Η λεκάνη βγαίνει προς τα εμπρός και χαμηλώνει, μειώνοντας έτσι την οσφυϊκή καμπύλη. Μ' αυτό τον τρόπο το βάρος πέφτει στο μπροστινό μέρος του πέλματος. Ταυτόχρονα, σφίξτε τους γλουτούς μέχρι οι μύες να σταθεροποιήσουν τη θέση της λεκάνης και να διευκολύνουν την περιστροφή των ποδιών αν ντεόρ.

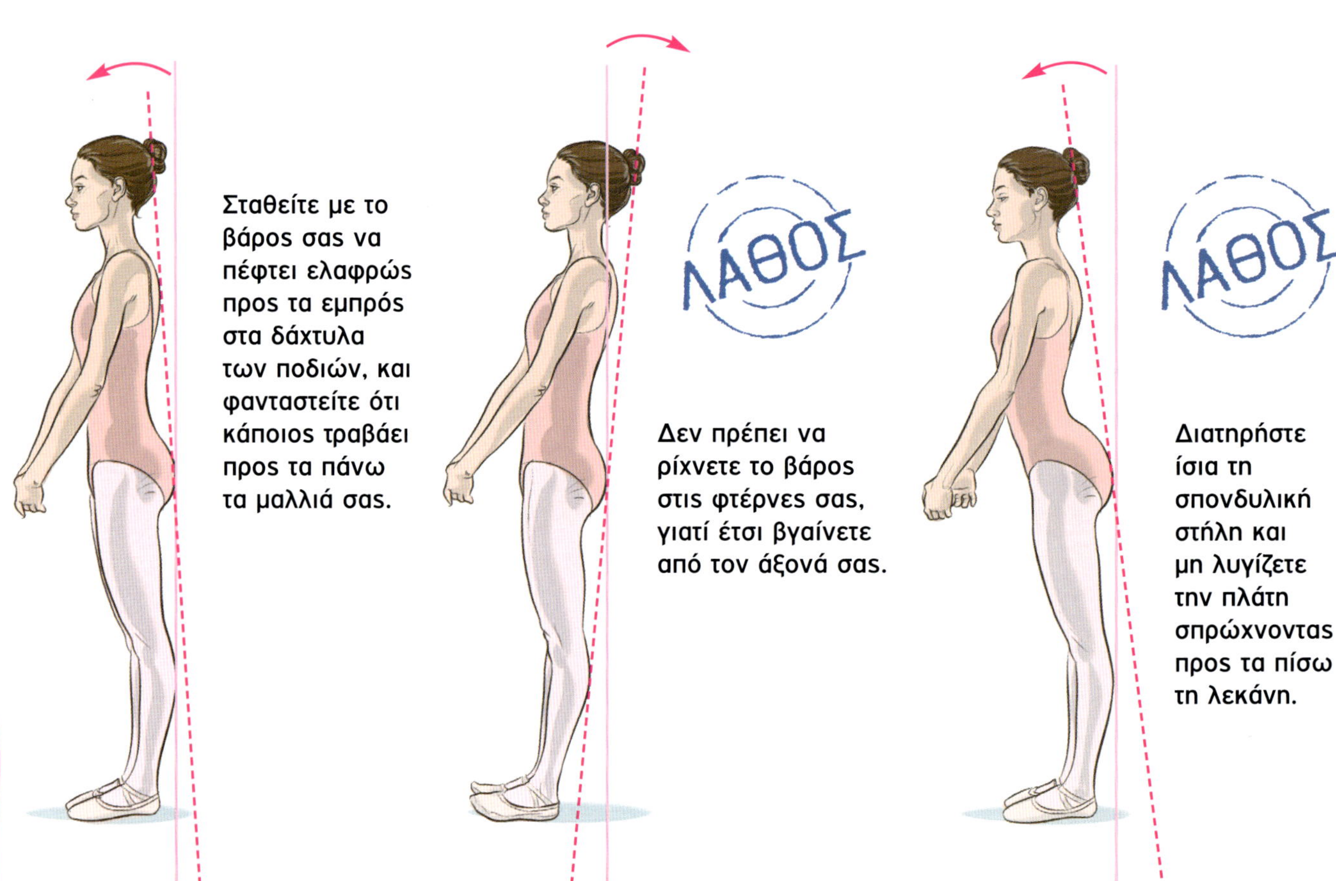

Σταθείτε με το βάρος σας να πέφτει ελαφρώς προς τα εμπρός στα δάχτυλα των ποδιών, και φανταστείτε ότι κάποιος τραβάει προς τα πάνω τα μαλλιά σας.

Δεν πρέπει να ρίχνετε το βάρος στις φτέρνες σας, γιατί έτσι βγαίνετε από τον άξονά σας.

Διατηρήστε ίσια τη σπονδυλική στήλη και μη λυγίζετε την πλάτη σπρώχνοντας προς τα πίσω τη λεκάνη.

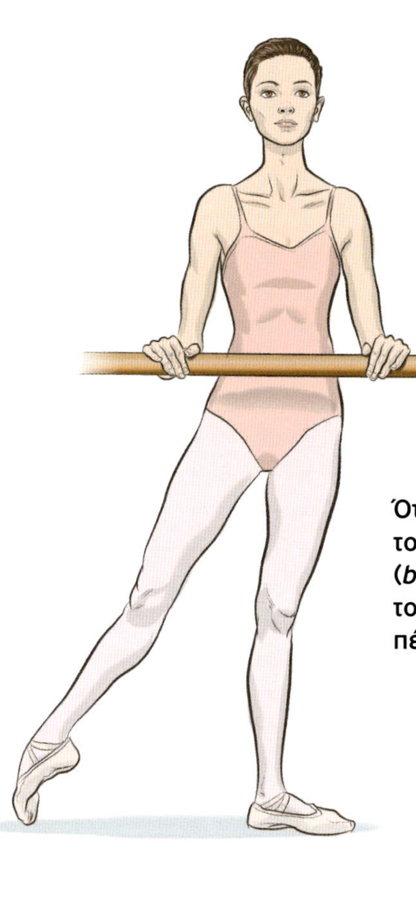

Όταν εκτελείτε το μπατμάν ταντί (*battement tendu*), το βάρος του σώματος πέφτει στο ακίνητο πόδι.

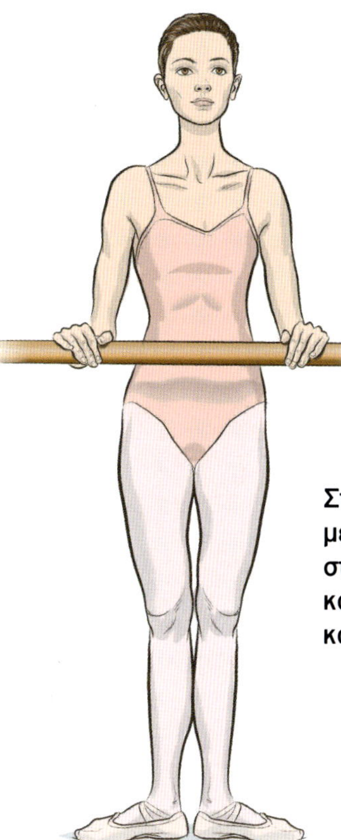

Στην πρώτη ποζισιόν με τα δύο χέρια στην μπάρα, το βάρος κατανέμεται εξίσου και στα δύο πόδια.

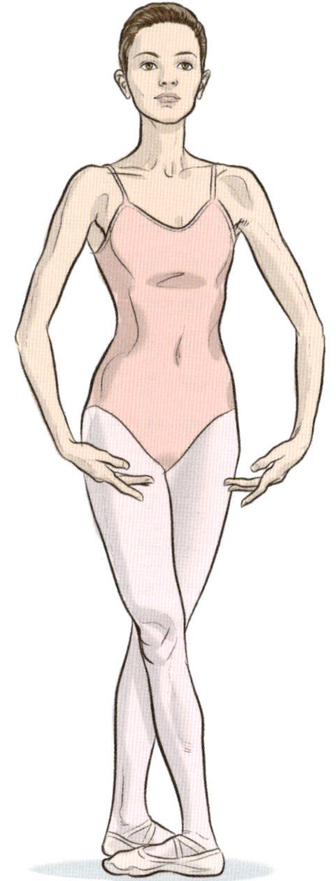

Όταν είστε στο κέντρο στην πέμπτη ποζισιόν, σταυρώστε καλά τα πόδια, σφίξτε τους γλουτούς, διατηρήστε το θώρακα ανοιχτό, κρατήστε σταθερά τα χέρια και χαμηλώστε τους ώμους.

Ώμοι, πόδια και χέρια

Οι ώμοι πρέπει να παραμένουν χαλαροί και χαμηλωμένοι, ώστε να επιτρέπουν στο λαιμό να τεντώνεται καλύτερα. Η λεκάνη είναι ίσια, ενώ δεν πρέπει να στηρίζεστε στη μία πλευρά ούτε να σπρώχνετε πίσω ή μπρος τη λεκάνη.

Προσέξτε πολύ τη στάση των χεριών σας και μην αφήνετε τους αγκώνες να πέφτουν, γιατί δε στηρίζεται σωστά η πλάτη. Σ' αυτή την περίπτωση, οι ώμοι θα ασκούσαν πολύ μεγάλη πίεση στη σπονδυλική στήλη, προκαλώντας σκολίωση.

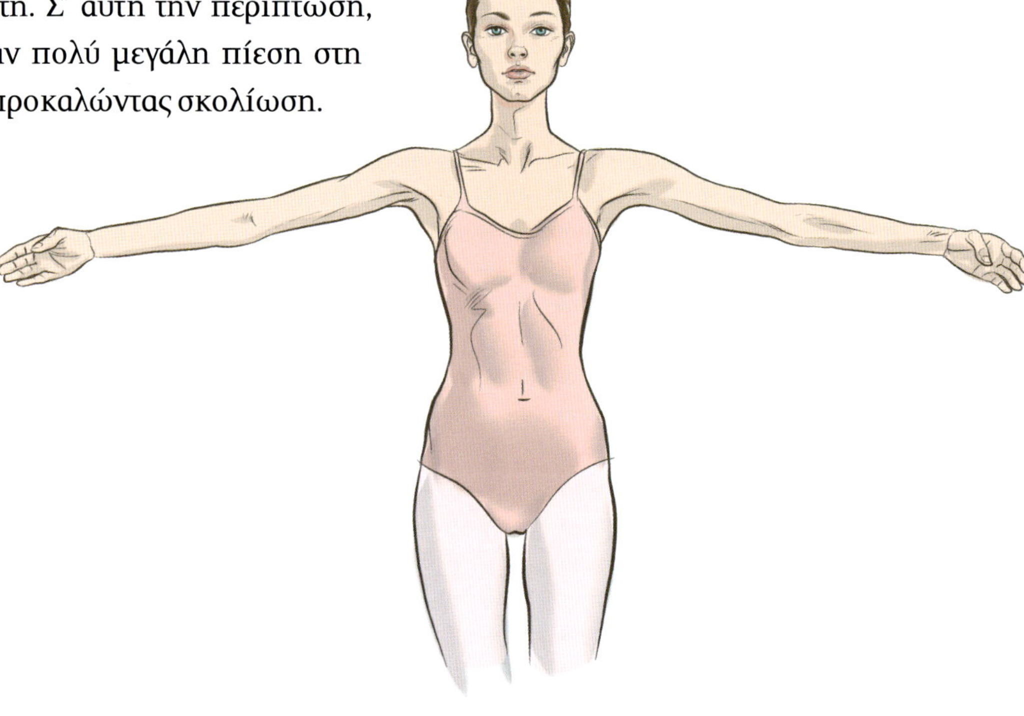

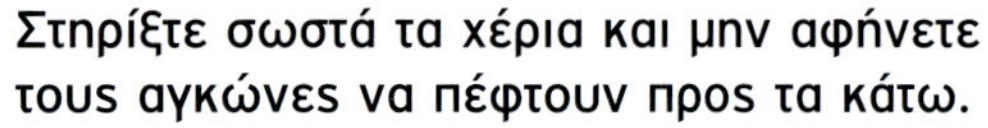

Στηρίξτε σωστά τα χέρια και μην αφήνετε τους αγκώνες να πέφτουν προς τα κάτω.

Αυτό συμβαίνει όταν κλείνουν οι ώμοι· το βάρος πέφτει στη σπονδυλική στήλη και, αν δε διορθώσετε τη στάση σας, μακροπρόθεσμα παθαίνετε σκολίωση.

Η νοητή γραμμή των χεριών δεν πρέπει να χαλάει.

Τα δάχτυλα πρέπει να είναι χαλαρά, ο αντίχειρας χαμηλωμένος και λυγισμένος προς το μεσαίο δάχτυλο.

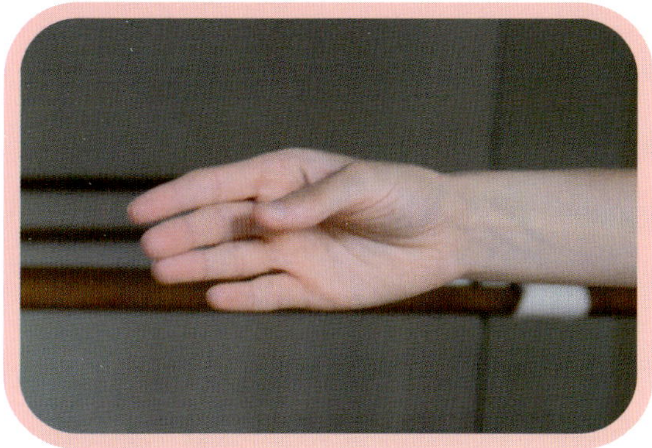

Τοποθετήστε τα χέρια απαλά και ανάλαφρα, με την παλάμη λυγισμένη, και πλησιάστε τον αντίχειρα στο μεσαίο δάχτυλο.

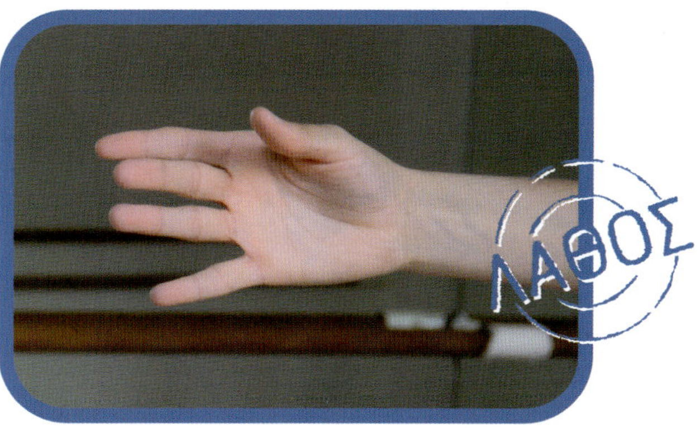

Μην αφήνετε την ένταση να περάσει στα δάχτυλα των χεριών. Φροντίστε να είναι χαλαρά!

Τα δάχτυλα είναι χαλαρά, τα χέρια σε αλονζέ, χωρίς καμία σύσπαση, ο αντίχειρας είναι χαμηλωμένος και τεντωμένος κοντά στο μεσαίο δάχτυλο.

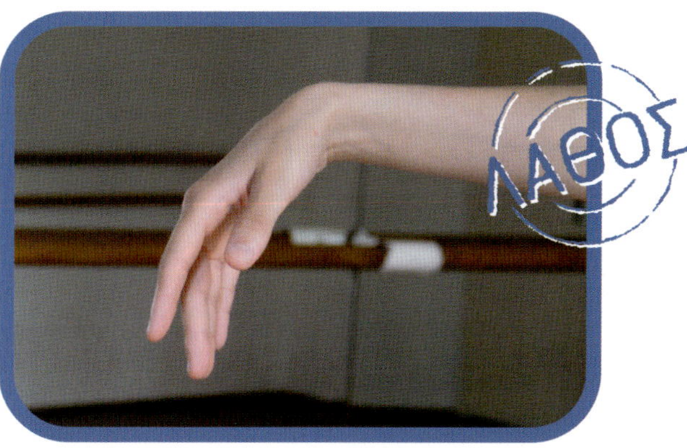

Τα χέρια πρέπει να ακολουθούν τη γραμμή των άνω άκρων.

Η μπάρα

Κάποιες βασικές ασκήσεις εκτελούνται στην μπάρα, ώστε να ζεσταθούν οι μύες και να προετοιμαστεί το σώμα για τα μετέπειτα βήματα. Να θυμάστε όμως ότι η μπάρα χρησιμεύει μόνο ως βάση στήριξης των χεριών και δε θα πρέπει ποτέ να κρατιέστε απ' αυτή με πολλή δύναμη.

Ακουμπήστε απαλά και τα δύο χέρια στην μπάρα. Η απόσταση που πρέπει να υπάρχει ανάμεσα σ' εσάς και στην μπάρα είναι ίση με το μήκος των λυγισμένων χεριών, με τους αγκώνες χαμηλωμένους κοντά στα πλευρά σας.

Η σωστή στάση είναι απαραίτητη για τη σπονδυλική στήλη, τα κάτω άκρα, τα γόνατα και τα πέλματα. Οι αστράγαλοι πρέπει να είναι τοποθετημένοι έτσι, ώστε τα πέλματα να ακουμπούν ολόκληρα στο έδαφος. Τα δάχτυλα των ποδιών πρέπει να είναι χαλαρά, και τα μικρά δαχτυλάκια να στηρίζονται πολύ καλά. Αυτό θα αποτρέψει τους αστραγάλους να λυγίσουν προς τα εμπρός και να προκαλέσουν βλάβες στις αρθρώσεις των γονάτων.

Το χέρι πρέπει να ακουμπά απαλά. Μην πιάνεστε ποτέ από την μπάρα με δύναμη!

Όταν στηρίζετε τα δύο χέρια στην μπάρα, χαμηλώστε τους αγκώνες και διατηρήστε τη σωστή απόσταση, χωρίς να απομακρύνεστε πολύ, και μη λυγίζετε τη μέση.

Θα δουλέψετε το δεξί και το αριστερό μέρος του σώματός σας εναλλάξ, ώστε τα πόδια να δυναμώσουν το ίδιο.

Από τη στιγμή που θα έχετε μάθει τις πρώτες ασκήσεις στην μπάρα και θα έχετε προπονηθεί καλά, μπορείτε να περάσετε στην επόμενη φάση, κάνοντας τις ίδιες ασκήσεις στηριζόμενοι μόνο στο ένα χέρι.

Οι ασκήσεις στην μπάρα αποτελούν βασικό κομμάτι του μαθήματος χορού. Όλοι οι χορευτές, ακόμα και τα μεγαλύτερα αστέρια του μπαλέτου, τις εκτελούν προτού βγουν στη σκηνή.

Οι ασκήσεις στην μπάρα αυξάνουν την κυκλοφορία του αίματος. Η μυϊκή μάζα δέχεται περισσότερο οξυγόνο κι έτσι ζεσταίνεται, οπότε μπορεί να δουλέψει έντονα αποφεύγοντας τραυματισμούς στις αρθρώσεις και στα νεύρα.

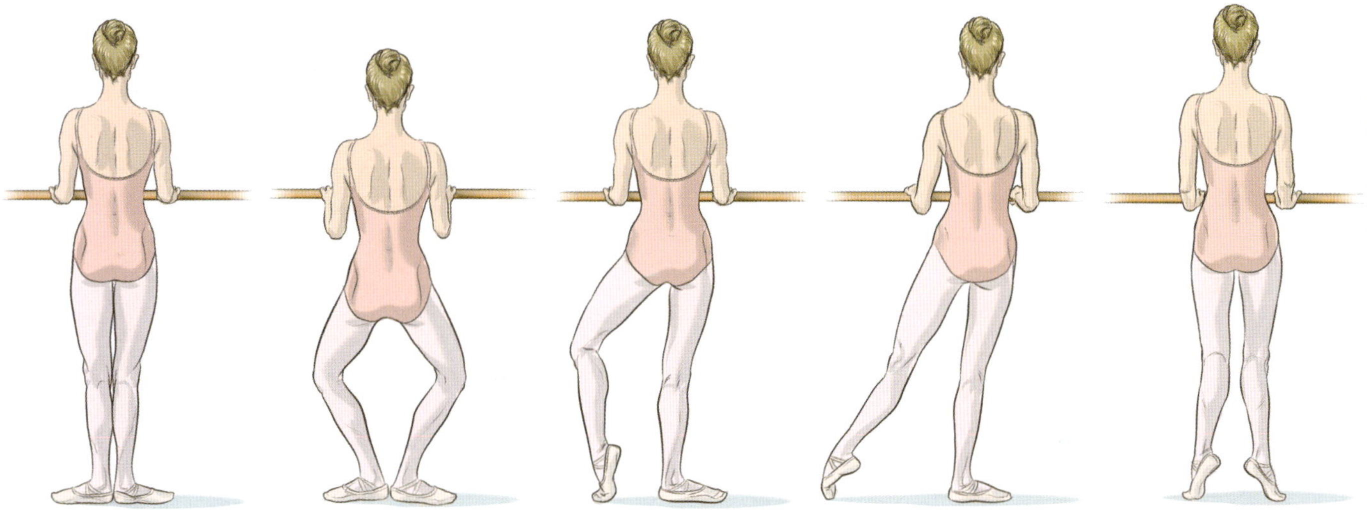

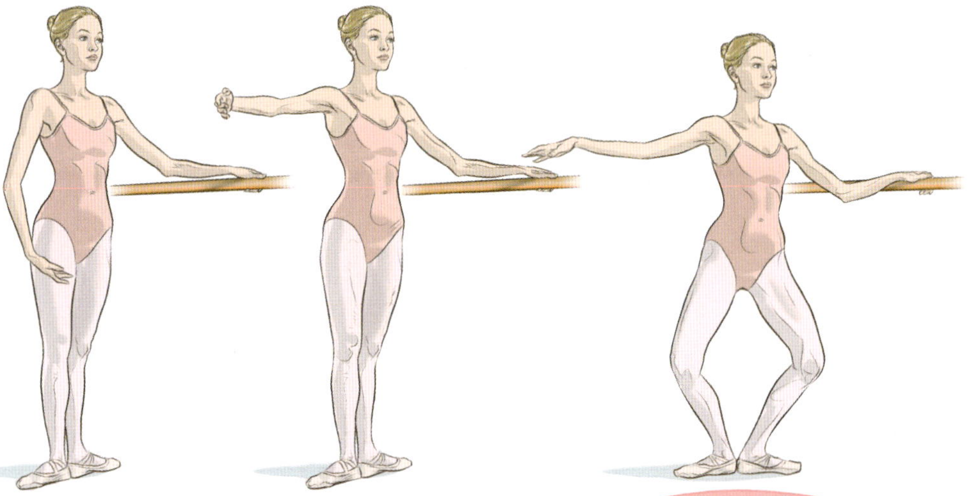

Παρατηρήστε πώς ανασηκώνονται τα μικρά δάχτυλα του ποδιού και πώς υφίστανται έντονη πίεση τα γόνατα, αν δε στηρίξετε καλά τα πόδια και αφήσετε τους αστραγάλους να πέσουν μπροστά.

Πλιέ

Μετά τις βασικές ασκήσεις των ποδιών, συνεχίζετε με την εκτέλεση μίας από τις σημαντικότερες ασκήσεις στη μελέτη του χορού· το πλιέ (*plié*), που στα γαλλικά σημαίνει «λυγισμένος».

Υπάρχουν το ντεμί πλιέ (*demi-plié*), κατά το οποίο λυγίζετε ως τα μισά τα γόνατα χωρίς να ανασηκώνετε ποτέ τις φτέρνες από το έδαφος, και το γκραν πλιέ (*grand-plié*), κατά το οποίο λυγίζετε εντελώς τα γόνατα, ενώ μονάχα στη δεύτερη ποζισιόν δεν μπορούν οι φτέρνες να ανασηκωθούν από το έδαφος.

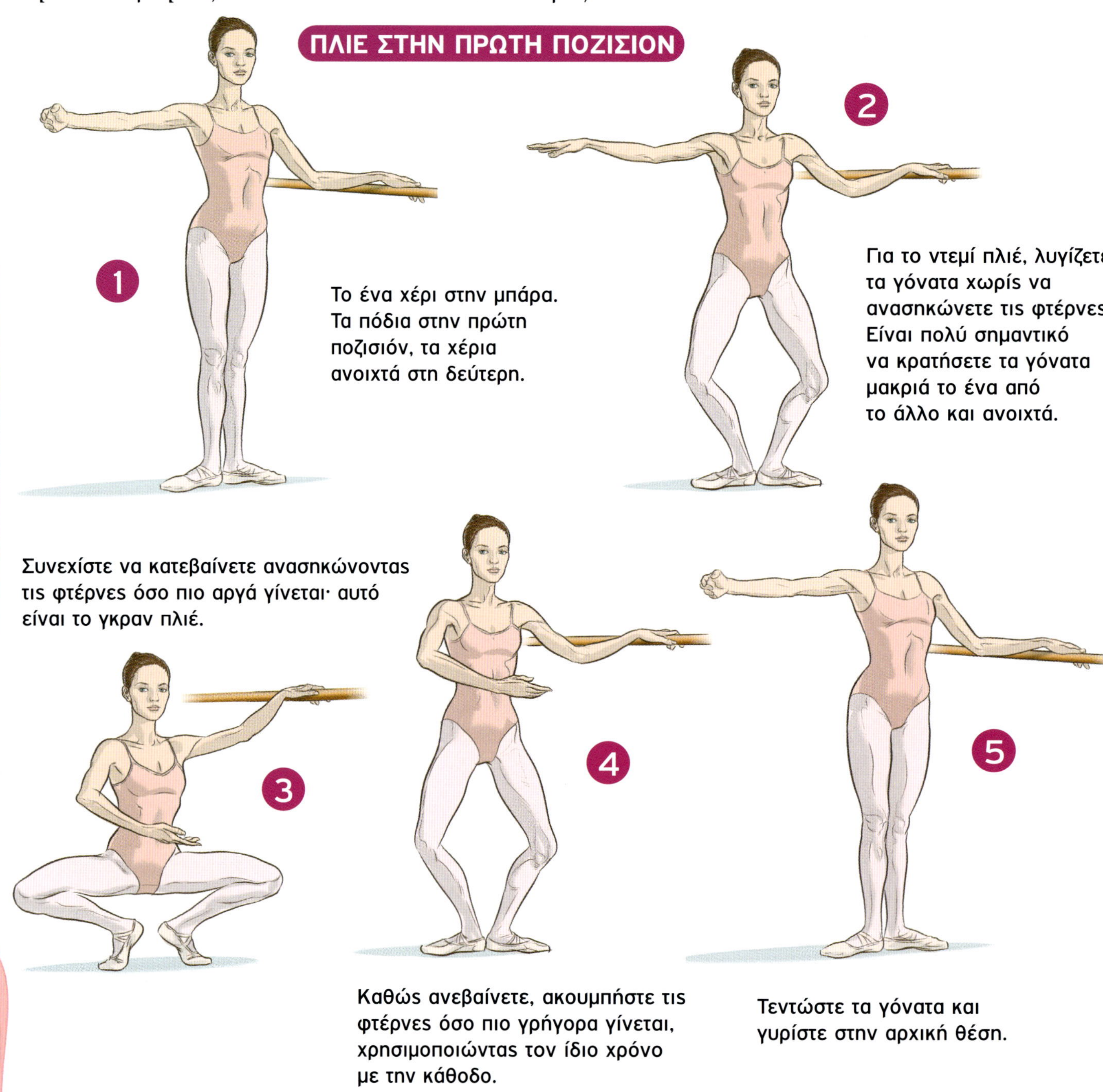

Τα πλιέ εκτελούνται σε όλες τις ποζισιόν των ποδιών, ενώ τα χέρια κινούνται συντονισμένα στις διάφορες θέσεις. Τα πρώτα χρόνια των σπουδών οι ασκήσεις εκτελούνται μονάχα στην πρώτη, τη δεύτερη και την τρίτη ποζισιόν των ποδιών. Στην τέταρτη και την πέμπτη είναι δυσκολότερες, γιατί απαιτούν μεγαλύτερη μυϊκή δύναμη και μεγαλύτερη περιστροφή αν ντεόρ. Ακολουθεί η τρίτη που δε χρησιμοποιείται, ενώ δύσκολα την επιλέγουν ακόμα και οι επαγγελματίες στη διάρκεια του μαθήματος.

Ο θώρακας πρέπει να είναι ίσιος και τα γόνατα να ακολουθούν τη γραμμή των ποδιών, για να μην προκαλούν προβλήματα στους συνδέσμους και τους αστραγάλους. Τέλος, το βάρος του σώματος πρέπει να κατανέμεται εξίσου και στα δύο πόδια.

Μπατμάν ταντί

Η άσκηση αυτή εκτελείται στα πρώτα μαθήματα, ξεκινώντας από την πρώτη ποζισιόν, μπροστά, στο πλάι, πίσω και πάλι στο πλάι. Αυτό το σχήμα, το οποίο θα επαναλαμβάνετε για όλες τις ασκήσεις, ονομάζεται αν κρουά (*en croix*), δηλαδή σταυρωτό, ακριβώς επειδή η εναλλαγή της κατεύθυνσης των ποδιών σχηματίζει ένα νοητό σταυρό. Το μπατμάν ταντί (*battement tendu*) εκτελείται σε δύο φάσεις· στην πρώτη φεύγετε και στη δεύτερη επιστρέφετε στην αρχική θέση. Στην πρώτη φάση η φτέρνα σπρώχνει προς τα μπρος και ανασηκώνεται όσο πιο αργά γίνεται, στη δεύτερη ακουμπά γρήγορα. Αυτό θα σας βοηθήσει να έχετε μεγαλύτερο έλεγχο στο αν ντεόρ και να δυναμώσετε τα πόδια σας.

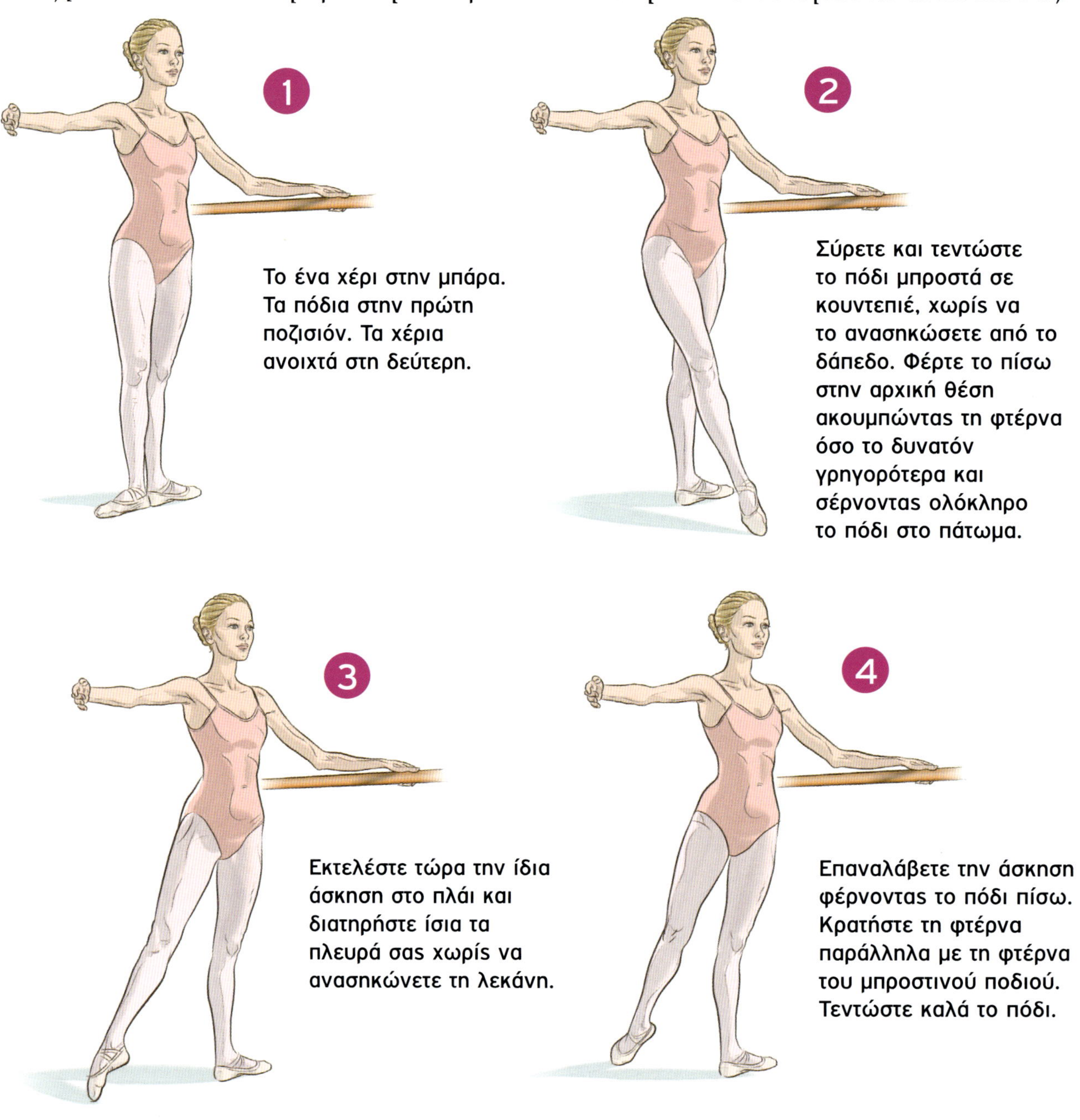

1. Το ένα χέρι στην μπάρα. Τα πόδια στην πρώτη ποζισιόν. Τα χέρια ανοιχτά στη δεύτερη.

2. Σύρετε και τεντώστε το πόδι μπροστά σε κουντεπιέ, χωρίς να το ανασηκώσετε από το δάπεδο. Φέρτε το πίσω στην αρχική θέση ακουμπώντας τη φτέρνα όσο το δυνατόν γρηγορότερα και σέρνοντας ολόκληρο το πόδι στο πάτωμα.

3. Εκτελέστε τώρα την ίδια άσκηση στο πλάι και διατηρήστε ίσια τα πλευρά σας χωρίς να ανασηκώνετε τη λεκάνη.

4. Επαναλάβετε την άσκηση φέρνοντας το πόδι πίσω. Κρατήστε τη φτέρνα παράλληλα με τη φτέρνα του μπροστινού ποδιού. Τεντώστε καλά το πόδι.

Μπατμάν ταντί ζετέ

Στο μπατμάν ταντί ζετέ (*battement tendu jeté*) η κίνηση των ποδιών είναι ίδια με εκείνη του ταντί. Η διαφορά έγκειται στην ταχύτητα της εκτέλεσης και στο γεγονός ότι το πόδι δεν πρέπει να παραμείνει ακουμπισμένο στο έδαφος μέχρι το τέλος, αλλά να ανασηκωθεί κάποια εκατοστά στο τέλος της πρώτης φάσης, ώστε να επιτρέψει στο πόδι να τεντωθεί γρήγορα.

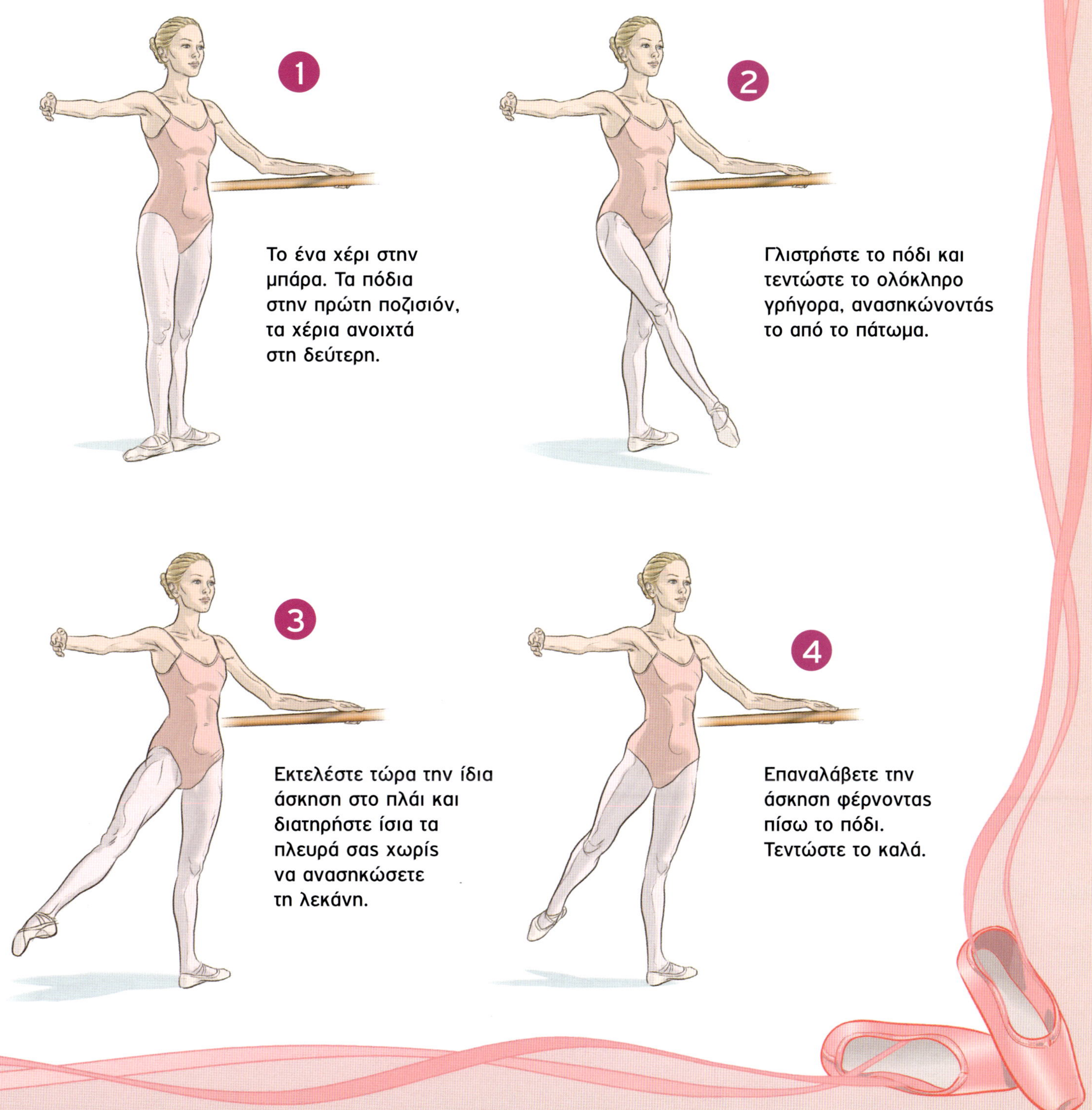

1 Το ένα χέρι στην μπάρα. Τα πόδια στην πρώτη ποζισιόν, τα χέρια ανοιχτά στη δεύτερη.

2 Γλιστρήστε το πόδι και τεντώστε το ολόκληρο γρήγορα, ανασηκώνοντάς το από το πάτωμα.

3 Εκτελέστε τώρα την ίδια άσκηση στο πλάι και διατηρήστε ίσια τα πλευρά σας χωρίς να ανασηκώσετε τη λεκάνη.

4 Επαναλάβετε την άσκηση φέρνοντας πίσω το πόδι. Τεντώστε το καλά.

Ρον ντε ζαμπ παρ τερ

Ο βασικός στόχος αυτής της άσκησης είναι η βελτίωση του ελέγχου και της εκτέλεσης του αν ντεόρ. Το ρον ντε ζαμπ παρ τερ (*rond de jambe par terre*) ξεκινά, μετά την προετοιμασία, φέρνοντας το πόδι στο πλάι.

Φανταστείτε να σχηματίζετε ένα ημικύκλιο στο έδαφος, σαν οι μύτες του ποδιού σας να ήταν η μύτη ενός διαβήτη, αποφεύγοντας να ασκήσετε μεγάλη πίεση με τα δάχτυλα. Η άσκηση αυτή εκτελείται τόσο αν ντεόρ (*en dehors*) όσο και αν ντεντάν (*en dedans*).

Φραπέ

Αυτή η άσκηση θα σας βοηθήσει να προετοιμαστείτε για τα άλματα που θα κάνετε στη συνέχεια. Εκτελείται πλησιάζοντας το ένα πόδι λυγισμένο στον αστράγαλο του άλλου. Για να τεντώσετε ολόκληρο το κάτω άκρο, γυρίστε στην αρχική θέση και εκτελέστε την ακολουθία αν κρουά. Η κίνηση πρέπει να είναι γρήγορη, σαν ελατήριο που τινάζεται.

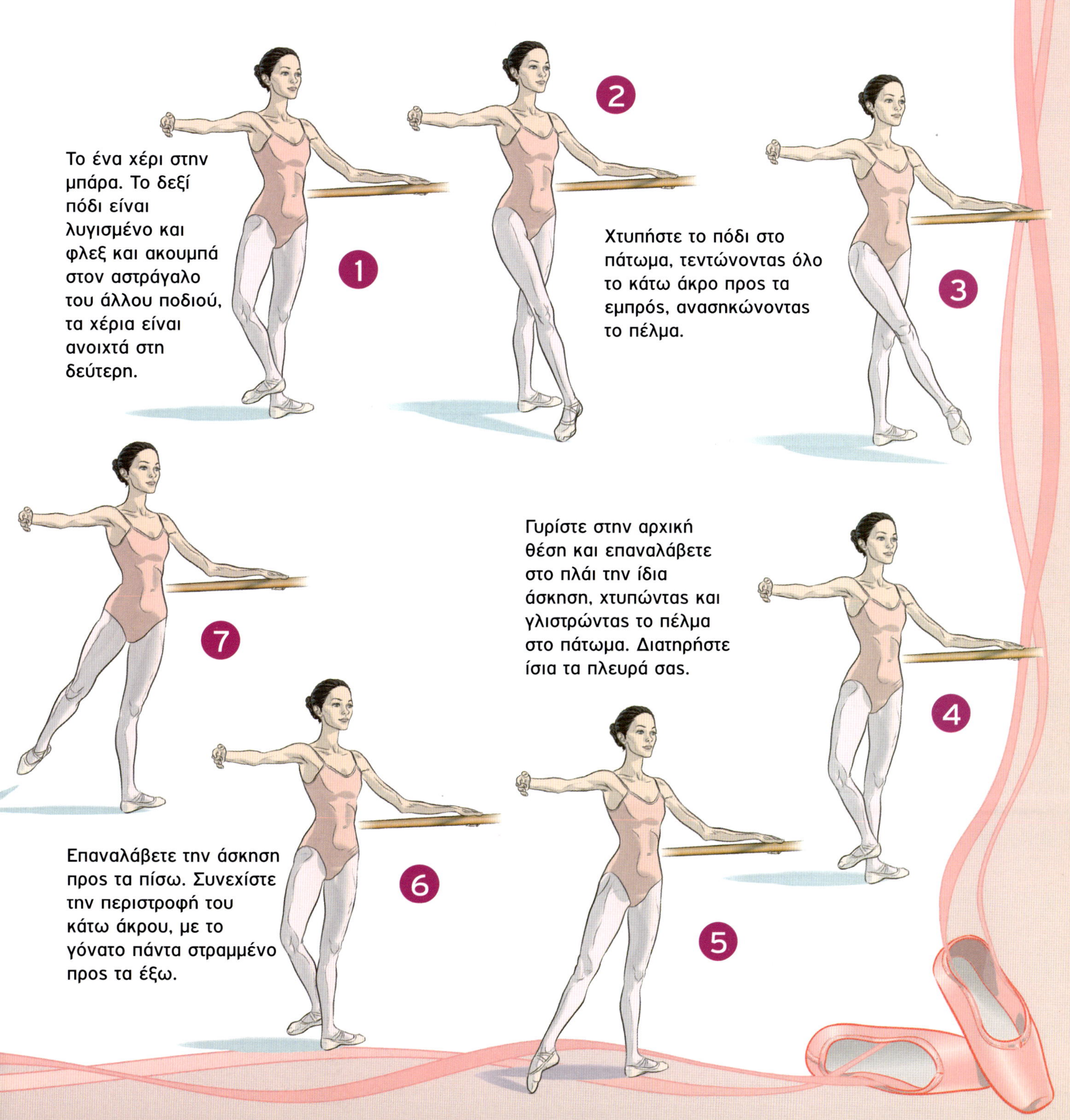

Το ένα χέρι στην μπάρα. Το δεξί πόδι είναι λυγισμένο και φλεξ και ακουμπά στον αστράγαλο του άλλου ποδιού, τα χέρια είναι ανοιχτά στη δεύτερη.

Χτυπήστε το πόδι στο πάτωμα, τεντώνοντας όλο το κάτω άκρο προς τα εμπρός, ανασηκώνοντας το πέλμα.

Γυρίστε στην αρχική θέση και επαναλάβετε στο πλάι την ίδια άσκηση, χτυπώντας και γλιστρώντας το πέλμα στο πάτωμα. Διατηρήστε ίσια τα πλευρά σας.

Επαναλάβετε την άσκηση προς τα πίσω. Συνεχίστε την περιστροφή του κάτω άκρου, με το γόνατο πάντα στραμμένο προς τα έξω.

Γκραν μπατμάν

Το γκραν μπατμάν (*grand battement*) είναι μια άσκηση που πρέπει να εκτελείται με μεγάλη ενέργεια και ταχύτητα, ώστε οι μύες να τεντωθούν όσο το δυνατόν περισσότερο. Για να πετύχετε κάτι τέτοιο, θα πρέπει να σηκώσετε ψηλά το πόδι και να το τεντώσετε σχεδόν σαν να θέλετε να το ξεκολλήσετε από τη λεκάνη. Έτσι το πόδι σας θα έχει ελευθερία κινήσεων και, ταυτόχρονα, δε θα συσπώνται οι μύες του.

1. Το ένα χέρι στην μπάρα. Τα πόδια στην πέμπτη ποζισιόν και τα χέρια στη δεύτερη.

2. Το μπροστινό πόδι γλιστρά στο πάτωμα και τεντώνεται προς τα εμπρός όσο το δυνατόν περισσότερο. Τα χέρια είναι ανοιχτά στη δεύτερη ποζισιόν.

3. Γυρίστε στην αρχική θέση και εκτελέστε την ίδια άσκηση γλιστρώντας και τεντώνοντας το πόδι στο πλάι. Προσέξτε να μην ανασηκώσετε το γοφό, κρατήστε ίσιο το θώρακα και χαμηλωμένους τους ώμους.

4. Συνεχίστε και επαναλάβετε προς τα πίσω την ίδια άσκηση. Το γόνατο του ακίνητου ποδιού δεν πρέπει να λυγίζει από την ταχύτητα του άλλου.

Μπατμάν φοντί

Αυτή η άσκηση είναι πολύ σημαντική για να δυναμώσουν οι τετρακέφαλοι. Πρέπει να εκτελείται αργά αλλά όχι πολύ, γιατί διαφορετικά οι μύες θα γίνουν δύσκαμπτοι και θα πρηστούν. Η σωστή εκτέλεση του φοντί (*fondu*) απαιτεί μεγαλύτερη δύναμη στη στήριξη του σώματος στο κέντρο και μεγαλύτερο έλεγχο της ισορροπίας, κυρίως στη διάρκεια του αντάζ (*adage*). Τα χέρια συνήθως είναι στη δεύτερη ποζισιόν ή εκτελούν διάφορα πορ ντε μπρα (*port de bras*).

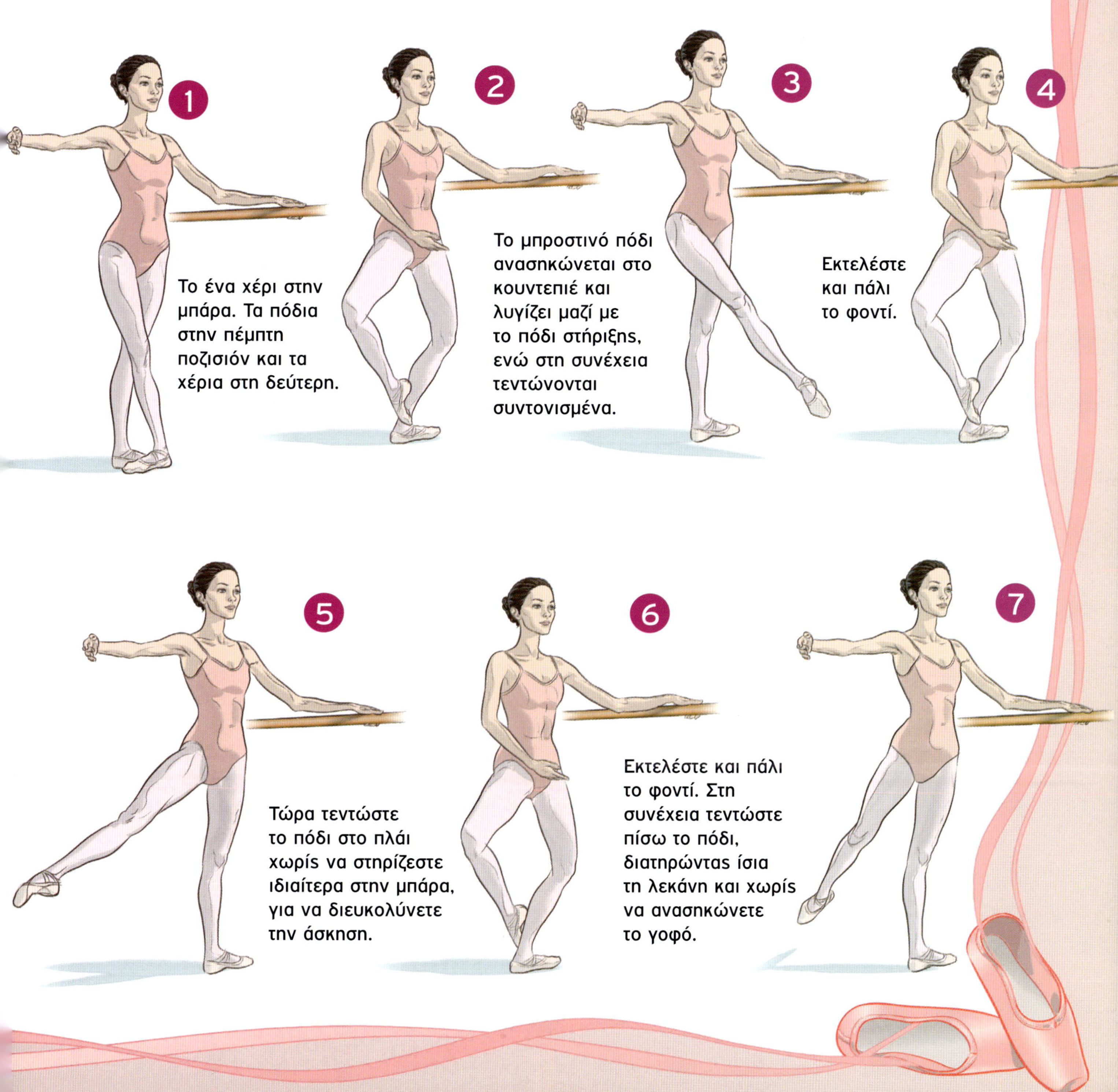

Ντεβελοπέ

Αυτή η άσκηση βοηθά στην ανάπτυξη και την επιμήκυνση των εσωτερικών τενόντων του ποδιού. Γι' αυτόν ακριβώς το λόγο πρέπει να αποφεύγετε να συγκρατείτε την ενέργειά σας και να συσπάτε τους εξωτερικούς μυς, διαφορετικά τα κάτω άκρα δε θα αναπτυχθούν στο μέγιστο, ενώ, ανάλογα με τη φυσική σας προδιάθεση, θα μπορούσαμε να μιλάμε ακόμα και για άνοιγμα 180°.

1. Το ένα χέρι στην μπάρα. Τα πόδια στην πέμπτη ποζισιόν και τα χέρια κινούνται συντονισμένα με τα πόδια.

2. Το μπροστινό πόδι ανασηκώνεται και διατρέχει το ακίνητο – αυτή η κίνηση ονομάζεται ρετιρέ (*retiré*).

3. Το πόδι τεντώνεται πλήρως προς τα εμπρός. Διατηρήστε καλά το αν ντεόρ με τη φτέρνα στραμμένη προς τα επάνω.

4. Επαναφέρετε το πόδι στο πάτωμα και γυρίστε στην αρχική θέση. Επαναλάβετε την άσκηση στο πλάι και πίσω.

Πτι μπατμάν
σιρ λε κουντεπιέ

Αυτή η άσκηση σας βοηθά να αποκτήσετε ταχύτητα στα πόδια και να δυναμώσετε τους κατώτερους μυς. Αρχικά το πόδι είναι τοποθετημένο στο πίσω μέρος του ακίνητου ποδιού. Στα πρώτα χρόνια των μαθημάτων καλό είναι να γίνεται χωρίς ένταση, αργά, ώστε να κατανοείτε την κίνηση και να την εκτελείτε ελεύθερα. Είναι πολύ σημαντικό να παραμένει ακίνητο το πάνω μέρος του άκρου, ενώ το κάτω εκτελεί επαναλαμβανόμενα περάσματα από μπρος προς τα πίσω και αντίστροφα. Η άσκηση εκτελείται με τη βοήθεια ολόκληρου του πέλματος, σε ντεμί πουέντ, και μερικές φορές καταλήγει σε πλιέ.

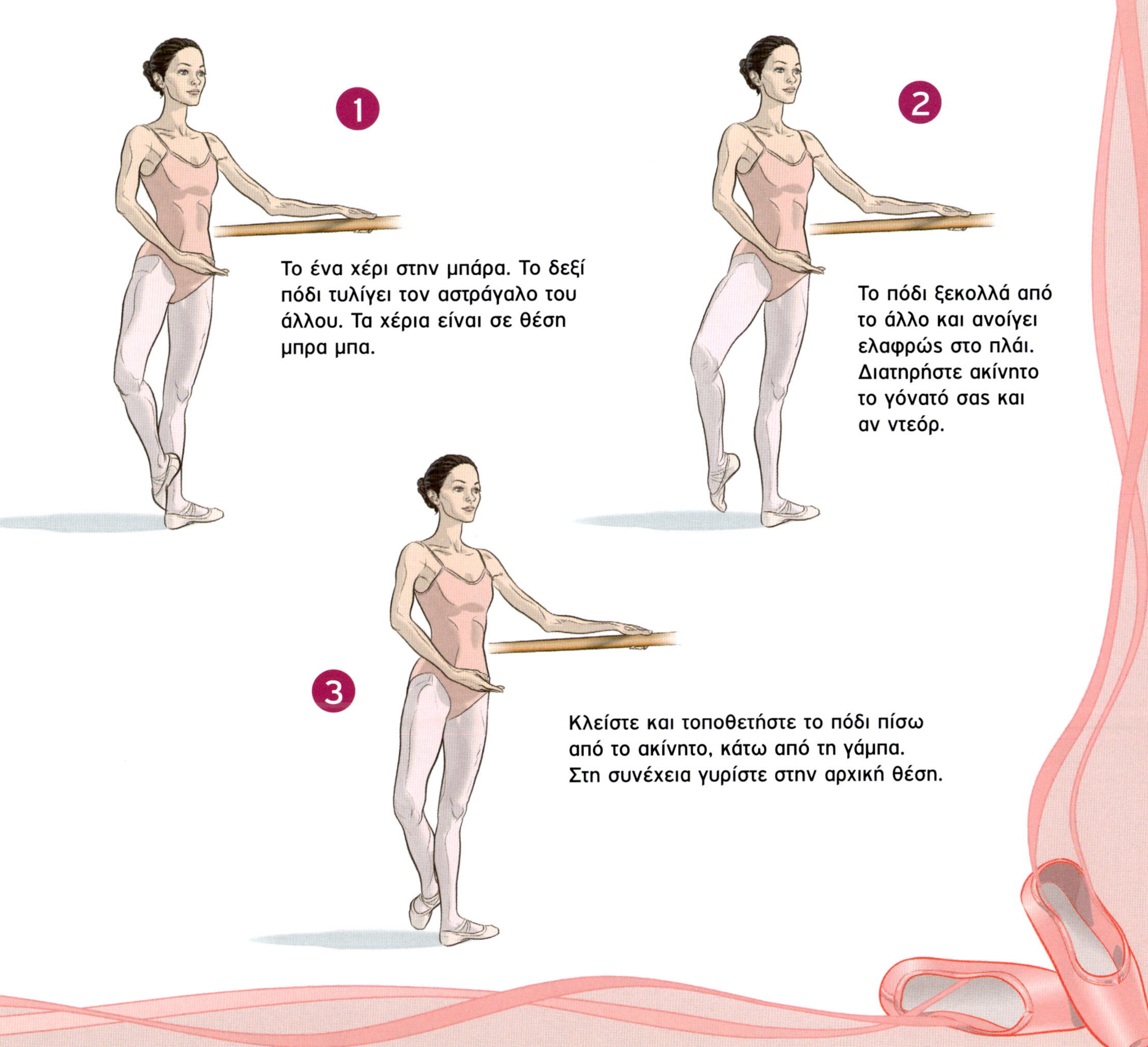

Στο κέντρο

Μετά τις ασκήσεις στην μπάρα, περνάμε στο κέντρο της αίθουσας, στο οποίο διεξάγεται το δεύτερο μέρος του μαθήματος. Επαναλαμβάνονται, συνδυασμένες μεταξύ τους, οι προηγούμενες ασκήσεις, αλλά χωρίς τη βοήθεια της μπάρας. Αυτό είναι πιο δύσκολο, αλλά έτσι θα μάθετε να κινείστε στο χώρο και μακροπρόθεσμα να χορεύετε. Για να κατανοήσετε τις κατευθύνσεις του σώματος και τη σωστή στάση του, φανταστείτε ότι βρίσκεται στο κέντρο ενός τετραγώνου, στο σημείο όπου διασταυρώνονται οι διαγώνιες γραμμές του, έτσι ώστε να ορίζετε ένα σημείο αναφοράς.

Οι θέσεις στον κλασικό χορό είναι πολύ σημαντικές, γι' αυτό πρέπει να μάθετε να τις εκτελείτε με σωστό τρόπο από την αρχή, με χάρη και δεξιοτεχνία. Στις κινήσεις αυτές εμπλέκεται όλο το σώμα, από το κεφάλι ως τα χέρια και τα πόδια. Το σώμα παίρνει τη σωστή του στάση και από τα επολεμάν (*épaulement*), μέσω δηλαδή της θέσης των ώμων, που τοποθετούνται διαγώνια σε σχέση με τη θέση ανφάς (*en face*).

ΠΤΙ ΚΡΟΥΑΖΕ ΝΤΕΒΑΝ (PETIT CROISÉE DEVANT)
Τεντώστε το πόδι μπροστά, με το ένα χέρι στην πρώτη και το άλλο στη δεύτερη ποζισιόν. Στρέψτε το κεφάλι προς τα έξω.

ΓΚΡΑΝ ΚΡΟΥΑΖΕ ΝΤΕΒΑΝ (GRAND CROISÉE DEVANT)
Τεντώστε το πόδι μπροστά, σηκώστε ψηλά το ένα χέρι και το άλλο στη δεύτερη ποζισιόν. Στρέψτε το κεφάλι προς τα έξω.

ΠΤΙ ΚΡΟΥΑΖΕ ΝΤΕΡΙΕΡ (PETIT CROISÉE DERRIÈRE)
Τεντώστε πίσω το πόδι, το ένα χέρι στην πρώτη και το άλλο στη δεύτερη ποζισιόν. Στρέψτε το κεφάλι στο πλάι προς τα έξω.

ΓΚΡΑΝ ΚΡΟΥΑΖΕ ΝΤΕΡΙΕΡ (GRAND CROISÉE DERRIÈRE)
Τεντώστε πίσω το πόδι, σηκώστε ψηλά το ένα χέρι και το άλλο στη δεύτερη ποζισιόν. Στρέψτε το κεφάλι στο πλάι προς τα έξω.

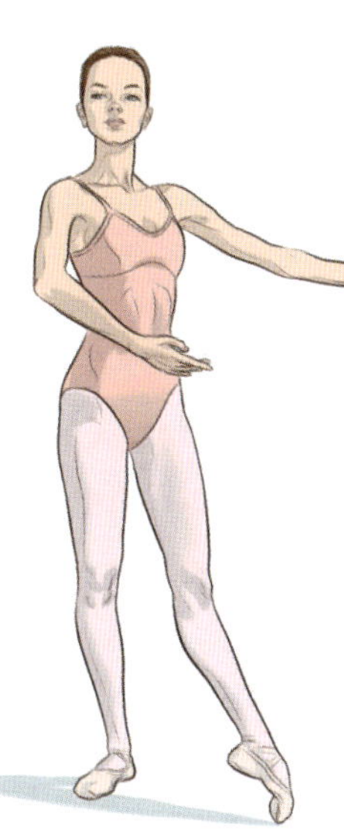

ΠΤΙ ΕΦΑΣΕ ΝΤΕΒΑΝ (PETIT EFFACÉE DEVANT)

Τεντώστε το πόδι μπροστά, το ένα χέρι στην πρώτη και το άλλο στη δεύτερη ποζισιόν. Στρέψτε το κεφάλι στο πλάι προς τα έξω και λυγίστε το θώρακα ελαφρώς προς τα πίσω.

ΓΚΡΑΝ ΕΦΑΣΕ ΝΤΕΒΑΝ (GRAND EFFACÉE DEVANT)

Τεντώστε το πόδι μπροστά, σηκώστε το ένα χέρι ψηλά και το άλλο στη δεύτερη ποζισιόν. Στρέψτε το κεφάλι στο πλάι προς τα έξω και λυγίστε το θώρακα ελαφρώς προς τα πίσω.

ΠΤΙ ΕΦΑΣΕ ΝΤΕΡΙΕΡ (PETIT EFFACÉE DERRIÈRE)

Τεντώστε το πόδι πίσω, το ένα χέρι στην πρώτη και το άλλο στη δεύτερη ποζισιόν. Στρέψτε το κεφάλι στο πλάι και λυγίστε το θώρακα ελαφρώς προς τα μπρος.

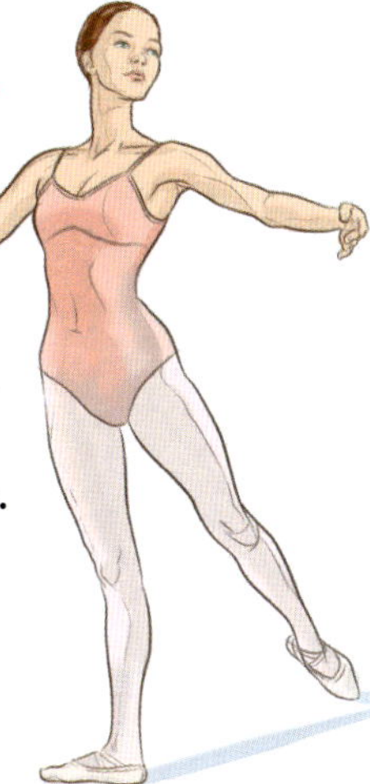

ΓΚΡΑΝ ΕΦΑΣΕ ΝΤΕΡΙΕΡ (GRAND EFFACÉE DERRIÈRE)

Τεντώστε το πόδι πίσω, σηκώστε ψηλά το ένα χέρι και το άλλο στη δεύτερη ποζισιόν. Στρέψτε το κεφάλι στο πλάι προς τα έξω, ανασηκώστε λίγο το πιγούνι και λυγίστε ελαφρώς το θώρακα προς τα μπρος.

ΓΚΡΑΝ ΕΚΑΡΤΕ ΝΤΕΒΑΝ (GRAND ÉCARTÉE DEVANT)

Τεντώστε το πόδι στο πλάι προς το κοινό, στη δεύτερη ποζισιόν. Το ένα χέρι, περνώντας από την πρώτη, ανοίγει στη δεύτερη, ενώ το άλλο σηκώνεται ψηλά. Στρέψτε το κεφάλι προς τα έξω και κοιτάξτε προς την παλάμη σας.

ΓΚΡΑΝ ΕΚΑΡΤΕ ΝΤΕΡΙΕΡ (GRAND ÉCARTÉE DERRIÈRE)

Τεντώστε το πόδι στη δεύτερη ποζισιόν μακριά από το κοινό. Το ένα χέρι, περνώντας από την πρώτη, ανοίγει στη δεύτερη, ενώ το άλλο σηκώνεται ψηλά. Στρέψτε το κεφάλι προς την κατεύθυνση του χεριού σας και γείρετε ελαφρώς, με το σώμα σας να κοιτάζει το κοινό.

Πορ ντε μπρα

Το πορ ντε μπρα (*port de bras*) είναι η βάση της μελέτης της κίνησης των άνω άκρων και αποτελεί ένα από τα δυσκολότερα σημεία των σπουδών χορού, καθώς απαιτεί μεγάλη προσήλωση και συγκέντρωση. Ο έλεγχος και η σωστή χρήση των χεριών υποδηλώνει ότι ο χορευτής σπούδασε σε μια καλή σχολή. Οι σωστές θέσεις των άνω άκρων προσδίδουν χάρη και κομψότητα, ενώ παίζουν σημαντικό ρόλο στο συντονισμό των κινήσεων και στην καλλιτεχνική εκφραστικότητα του χορευτή· έτσι, η μετάβαση από τη μια ποζισιόν στην άλλη γίνεται πολύ αρμονικά στη διάρκεια της εκτέλεσης της χορογραφίας.

Η θέση του κεφαλιού, το βλέμμα και η έκφραση χαρίζουν ακόμα μεγαλύτερη λεπτότητα στις κινήσεις και υπογραμμίζουν τις πόζες.

Υπάρχουν διάφορα πορ ντε μπρα· εδώ αναφέρουμε το πρώτο, το δεύτερο και το τρίτο.

ΠΡΩΤΟ ΠΟΡ ΝΤΕ ΜΠΡΑ

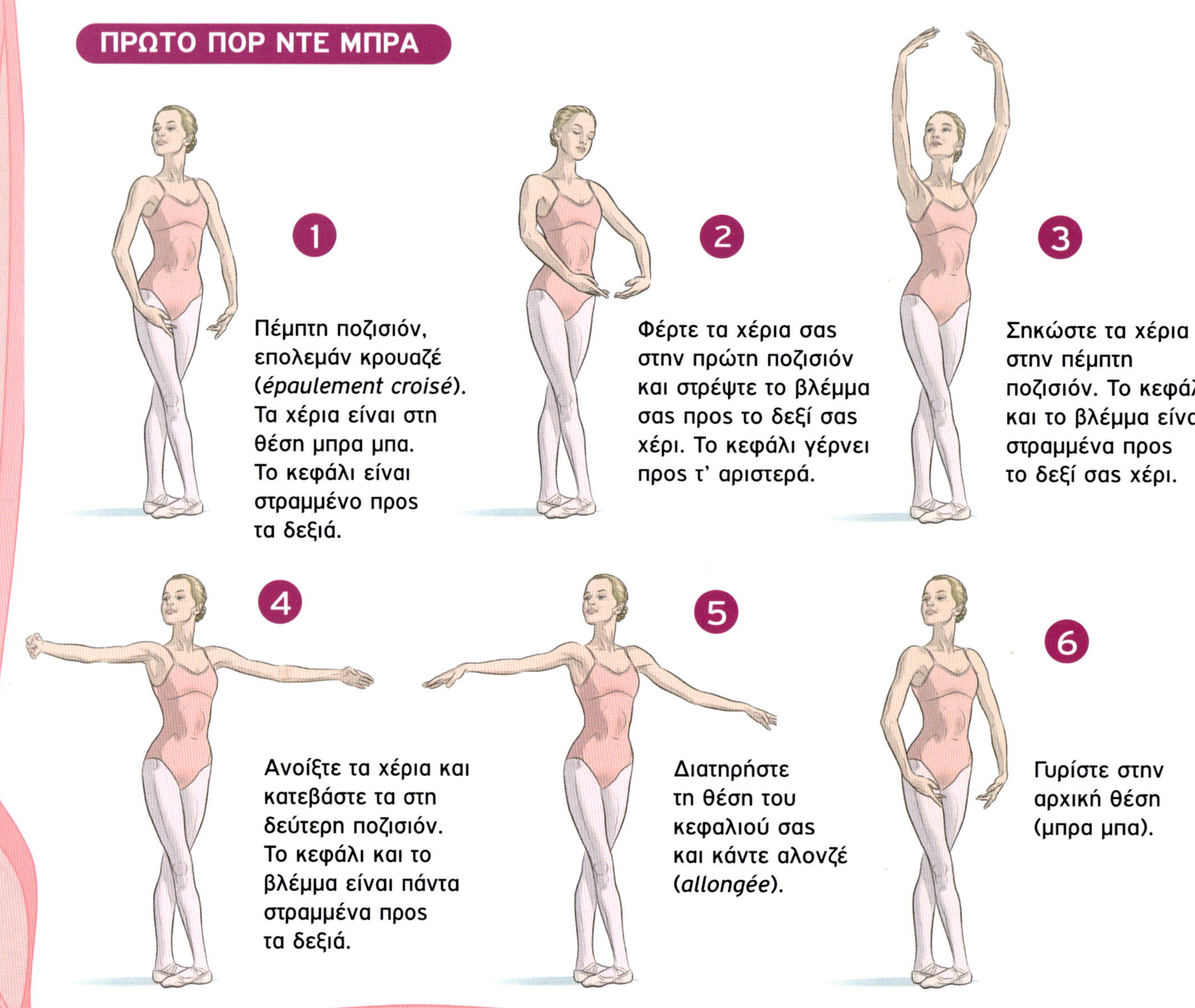

1. Πέμπτη ποζισιόν, επολεμάν κρουαζέ (*épaulement croisé*). Τα χέρια είναι στη θέση μπρα μπα. Το κεφάλι είναι στραμμένο προς τα δεξιά.

2. Φέρτε τα χέρια σας στην πρώτη ποζισιόν και στρέψτε το βλέμμα σας προς το δεξί σας χέρι. Το κεφάλι γέρνει προς τ' αριστερά.

3. Σηκώστε τα χέρια στην πέμπτη ποζισιόν. Το κεφάλι και το βλέμμα είναι στραμμένα προς το δεξί σας χέρι.

4. Ανοίξτε τα χέρια και κατεβάστε τα στη δεύτερη ποζισιόν. Το κεφάλι και το βλέμμα είναι πάντα στραμμένα προς τα δεξιά.

5. Διατηρήστε τη θέση του κεφαλιού σας και κάντε αλονζέ (*allongée*).

6. Γυρίστε στην αρχική θέση (μπρα μπα).

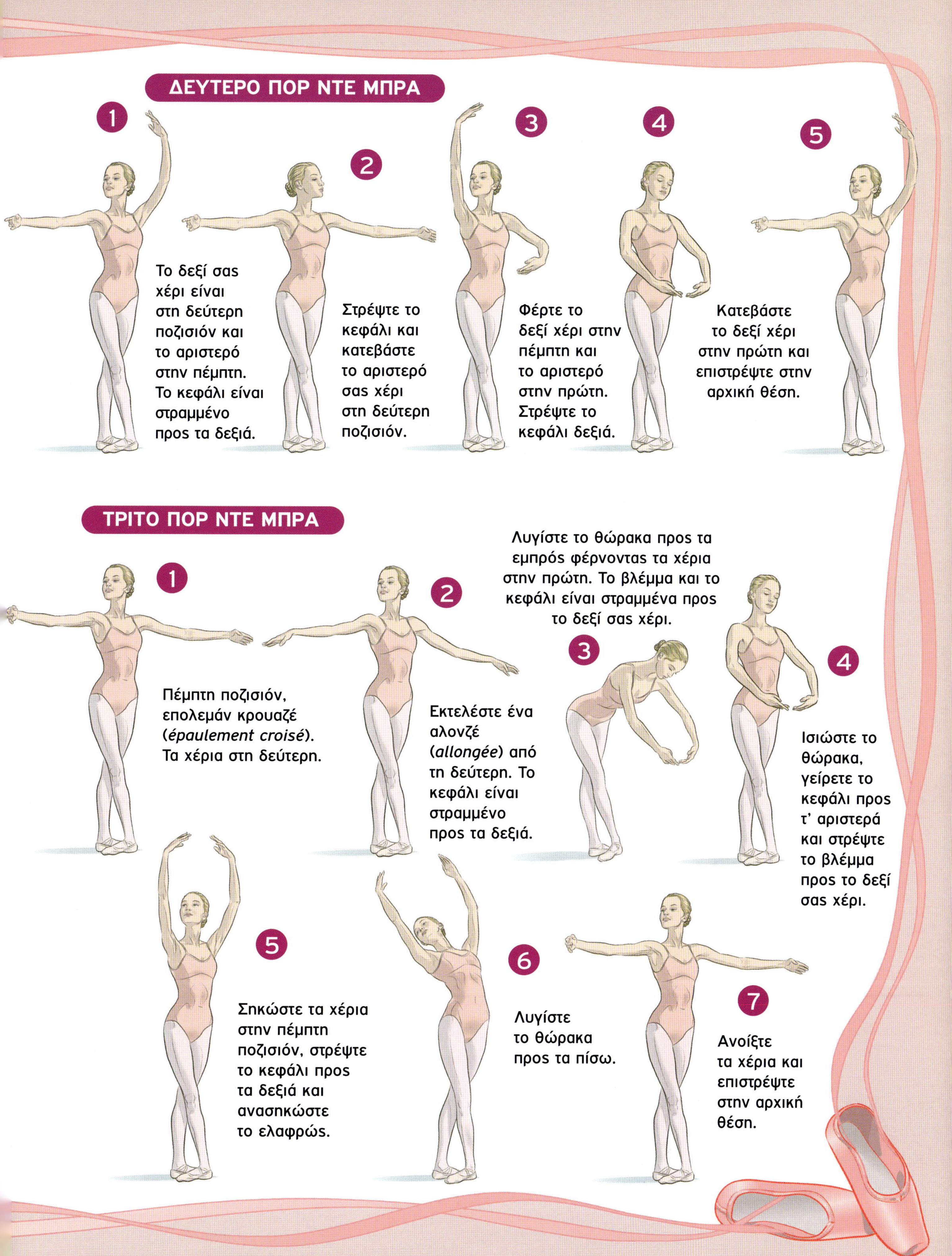

ΔΕΥΤΕΡΟ ΠΟΡ ΝΤΕ ΜΠΡΑ

1 Το δεξί σας χέρι είναι στη δεύτερη ποζισιόν και το αριστερό στην πέμπτη. Το κεφάλι είναι στραμμένο προς τα δεξιά.

2 Στρέψτε το κεφάλι και κατεβάστε το αριστερό σας χέρι στη δεύτερη ποζισιόν.

3 Φέρτε το δεξί χέρι στην πέμπτη και το αριστερό στην πρώτη. Στρέψτε το κεφάλι δεξιά.

4 Κατεβάστε το δεξί χέρι στην πρώτη και επιστρέψτε στην αρχική θέση.

5

ΤΡΙΤΟ ΠΟΡ ΝΤΕ ΜΠΡΑ

1 Πέμπτη ποζισιόν, επολεμάν κρουαζέ (*épaulement croisé*). Τα χέρια στη δεύτερη.

2 Εκτελέστε ένα αλονζέ (*allongée*) από τη δεύτερη. Το κεφάλι είναι στραμμένο προς τα δεξιά.

3 Λυγίστε το θώρακα προς τα εμπρός φέρνοντας τα χέρια στην πρώτη. Το βλέμμα και το κεφάλι είναι στραμμένα προς το δεξί σας χέρι.

4 Ισιώστε το θώρακα, γείρετε το κεφάλι προς τ' αριστερά και στρέψτε το βλέμμα προς το δεξί σας χέρι.

5 Σηκώστε τα χέρια στην πέμπτη ποζισιόν, στρέψτε το κεφάλι προς τα δεξιά και ανασηκώστε το ελαφρώς.

6 Λυγίστε το θώρακα προς τα πίσω.

7 Ανοίξτε τα χέρια και επιστρέψτε στην αρχική θέση.

Ατιτίντ

Η ατιτίντ (*attitude*), μαζί με την αραμπέσκ (*arabesque*), είναι από τις πιο εκφραστικές και λυρικές πόζες του κλασικού χορού. Έχει βασιστεί στη στάση του αγάλματος του Ερμή του γλύπτη Τζανμπολόνια (βλ. σελ. 16).

Στην πόζα αυτή ο χορευτής στέκεται στο ένα πόδι, ενώ το άλλο έχει ανασηκωθεί από το έδαφος και είναι λυγισμένο μπροστά ή πίσω. Διακρίνεται σε κρουαζέ και εφασέ, είτε ντεβάν είτε ντεριέρ.

Μπορεί να εκτελεστεί και στην μπάρα και ανήκει στις πιο προχωρημένες ασκήσεις· συνήθως χρησιμοποιείται στα αντάζ, στις πιρουέτες, στα μεγάλα άλματα και στα πα ντε ντε.

ΑΤΙΤΙΝΤ ΚΡΟΥΑΖΕ ΝΤΕΒΑΝ (ATTITUDE CROISÉE DEVANT)

Το πόδι στήριξης είναι τεντωμένο και αν ντεόρ, χωρίς να πέφτει μπροστά ο αστράγαλος. Οι ώμοι είναι χαμηλωμένοι και ανοιχτοί. Ανασηκώστε το άλλο πόδι και τοποθετήστε το λυγισμένο μπροστά. Προσοχή στο γόνατο, καθώς δεν πρέπει να είναι στραμμένο προς τα κάτω. Περνώντας από την πρώτη, το ένα χέρι ανοίγει στη δεύτερη θέση, ενώ το άλλο ανεβαίνει ψηλά. Το κεφάλι είναι στραμμένο στο πλάι και προς τα έξω.

ΑΤΙΤΙΝΤ ΕΦΑΣΕ ΝΤΕΡΙΕΡ (ATTITUDE EFFACÉE DERRIÈRE)

Το πόδι στήριξης είναι τεντωμένο και αν ντεόρ, χωρίς να πέφτει μπροστά ο αστράγαλος. Οι ώμοι είναι χαμηλωμένοι και ανοιχτοί. Ανασηκώστε το άλλο πόδι και τοποθετήστε το λυγισμένο πίσω. Προσοχή στη φτέρνα, καθώς πρέπει να είναι στραμμένη προς τα πάνω. Περνώντας από την πρώτη, το ένα χέρι ανοίγει στη δεύτερη θέση, ενώ το άλλο ανεβαίνει ψηλά. Το κεφάλι είναι στραμμένο στο πλάι και προς τα έξω.

Αραμπέσκ

Η αραμπέσκ (*arabesque*) είναι μία από τις ωραιότερες πόζες του μπαλέτου. Ο όρος παραπέμπει σε ένα αρχαίο διακοσμητικό σχέδιο, με γραμμές και παρακλάδια, φύλλα και ιστούς, που όλα μαζί σχημάτιζαν ένα σύνολο παραμυθένιων και αφηρημένων μορφών, σε απόλυτη ισορροπία, όπως ακριβώς φαίνεται και μια χορεύτρια όταν παίρνει αυτή την ποζισιόν.

Στον ακαδημαϊκό κλασικό χορό, υπάρχουν τέσσερις ποζισιόν αραμπέσκ, που διαφοροποιούνται με βάση τη θέση των χεριών, των ώμων, του κεφαλιού και των κάτω άκρων.

Τα άνω άκρα πρέπει να είναι σε απόλυτη αρμονία με τα κάτω, οι ώμοι πρέπει να είναι χαμηλωμένοι, τα κάτω άκρα πολύ τεντωμένα και στραμμένα προς τα έξω, η πλάτη ίσια και ανοιχτή. Μ' αυτό τον τρόπο μπορούμε να πετύχουμε μια άψογη γραμμή που διατρέχει τα χέρια, τους ώμους, την πλάτη και φτάνει ως τα δάχτυλα των χεριών και των ποδιών.

Για να κατανοήσετε τη σωστή θέση του σώματος, των χεριών, των ποδιών και της λεκάνης, καλό είναι να ξεκινήσετε εκτελώντας την άσκηση στο έδαφος. Από τη στιγμή που θα μάθετε την ποζισιόν και θα αποκτήσετε την κατάλληλη δύναμη, θα αρχίσετε να ανασηκώνετε το πόδι μέχρι και 90° ή και περισσότερο. Έπειτα από χρόνια μελέτης θα επιχειρήσετε να εκτελέσετε τα δυσκολότερα βήματα, όπως για παράδειγμα την υπέροχη αραμπέσκ πανσέ (*arabesque penché*).

ΠΡΩΤΗ ΑΡΑΜΠΕΣΚ

Το πόδι στήριξης είναι καλά τεντωμένο και αν ντεόρ. Οι ώμοι είναι χαμηλωμένοι και ανοιχτοί, το κεφάλι ίσιο και το βλέμμα στραμμένο κατά μήκος της γραμμής του χεριού, που είναι τεντωμένο μπροστά, στην αντίθετη κατεύθυνση από το ανασηκωμένο πόδι. Οι μύτες των ποδιών πρέπει να είναι καλά τεντωμένες, ενώ δεν πρέπει να ανασηκώνονται τα πλευρά και να απομακρύνεται από τον άξονά της η λεκάνη. Το άλλο χέρι είναι στη δεύτερη ποζισιόν και οι παλάμες των χεριών στραμμένες προς τα κάτω.

Αντάζ

Το αντάζ (*adage*), που σημαίνει «αργά, σιγά», περιλαμβάνει ένα σύνολο ασκήσεων συνδυασμένων μεταξύ τους. Η διαρκής εξάσκηση θα σας βοηθήσει να δυναμώσετε τους μυς και να αποκτήσετε σταθερότητα.

Η σταθερότητα του σώματος είναι θεμελιώδης για ένα χορευτή, καθώς έτσι αποκτά κυριαρχία και είναι ικανός να εκτελέσει δύσκολα και απαιτητικά βήματα, πράγμα που επιτυγχάνεται μονάχα με την εμπειρία.

Να θυμάστε ότι πρέπει να αισθάνεστε τη σταθερότητα ήδη από την εκτέλεση των ασκήσεων στην μπάρα. Ακόμα κι εκεί, στη διάρκεια των ασκήσεων, το σώμα πρέπει να είναι ίσιο· δοκιμάστε μερικές φορές να απελευθερώσετε το χέρι που έχετε στην μπάρα χωρίς να χάσετε την ισορροπία σας.

Προετοιμασία στην τέταρτη

Ρετιρέ πασέ σε ρελεβέ, σε ντεμί πουέντ

Αραμπέσκ ρελεβέ σε ντεμί πουέντ

Σ' αυτές τις σελίδες θα δείτε ορισμένες ασκήσεις και θέσεις που μπορείτε να δοκιμάσετε στη διάρκεια των συνδυασμών του αντάζ. Ειδικότερα τα πρώτα χρόνια των μαθημάτων δε θα ασχοληθείτε ποτέ μ' αυτό το καλλιτεχνικό μέρος του μαθήματος, καθώς πρόκειται για ένα σύνολο βημάτων συνδεδεμένων μεταξύ τους με κινήσεις και αργά μουσικά θέματα. Στη διάρκεια της εκτέλεσης θα πρέπει να επικεντρωθείτε και στην εσωτερική αναζήτηση της εκφραστικότητάς σας, που αποτελεί βασικό χαρακτηριστικό ενός χορευτή.

Τα πορ ντε μπρα σε αντάζ είναι η πρώτη προσέγγιση για να αρχίσετε να αισθάνεστε τα συναισθήματα που μπορεί να σας χαρίσει ο χορός.

Πιρουέτες

Προτού εξασκηθείτε στις πιρουέτες, θα πρέπει να έχετε αποκτήσει κάποιες τεχνικές γνώσεις. Θα αντιληφθείτε ότι περιστροφή του σώματος γύρω από ένα μόνο πόδι δεν είναι κάτι εύκολο· πρέπει να μπορείτε να συντονίζετε πολύ καλά τις κινήσεις σας, έτσι ώστε να εκτελείτε άψογα την κίνηση, διαφορετικά θα έχετε την αίσθηση ότι χάνετε τον έλεγχο και την ισορροπία σας.

Είναι σημαντικό να έχετε αποκτήσει την κατάλληλη μυϊκή δύναμη και ισορροπία, και

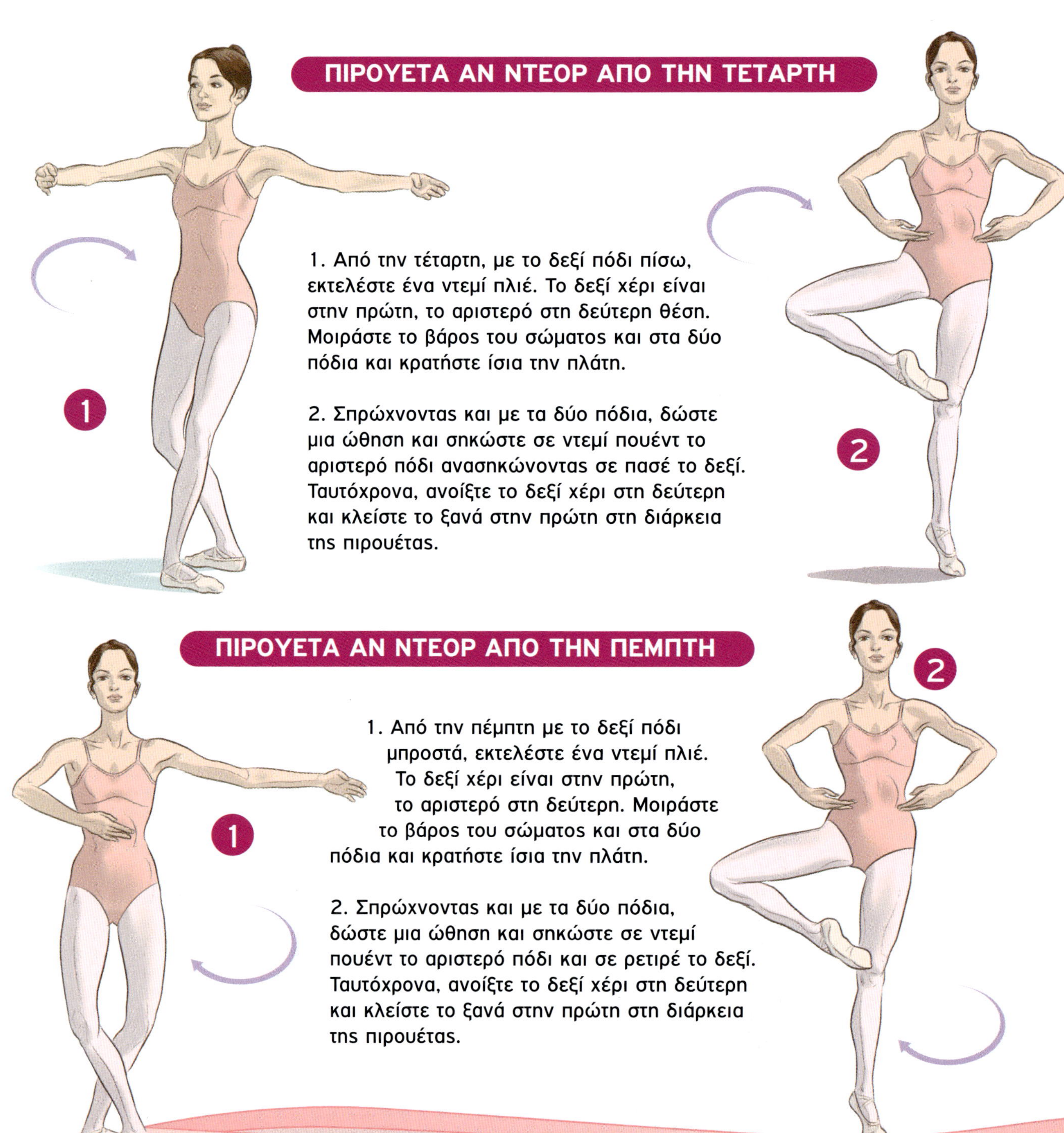

ΠΙΡΟΥΕΤΑ ΑΝ ΝΤΕΟΡ ΑΠΟ ΤΗΝ ΤΕΤΑΡΤΗ

1. Από την τέταρτη, με το δεξί πόδι πίσω, εκτελέστε ένα ντεμί πλιέ. Το δεξί χέρι είναι στην πρώτη, το αριστερό στη δεύτερη θέση. Μοιράστε το βάρος του σώματος και στα δύο πόδια και κρατήστε ίσια την πλάτη.

2. Σπρώχνοντας και με τα δύο πόδια, δώστε μια ώθηση και σηκώστε σε ντεμί πουέντ το αριστερό πόδι ανασηκώνοντας σε πασέ το δεξί. Ταυτόχρονα, ανοίξτε το δεξί χέρι στη δεύτερη και κλείστε το ξανά στην πρώτη στη διάρκεια της πιρουέτας.

ΠΙΡΟΥΕΤΑ ΑΝ ΝΤΕΟΡ ΑΠΟ ΤΗΝ ΠΕΜΠΤΗ

1. Από την πέμπτη με το δεξί πόδι μπροστά, εκτελέστε ένα ντεμί πλιέ. Το δεξί χέρι είναι στην πρώτη, το αριστερό στη δεύτερη. Μοιράστε το βάρος του σώματος και στα δύο πόδια και κρατήστε ίσια την πλάτη.

2. Σπρώχνοντας και με τα δύο πόδια, δώστε μια ώθηση και σηκώστε σε ντεμί πουέντ το αριστερό πόδι και σε ρετιρέ το δεξί. Ταυτόχρονα, ανοίξτε το δεξί χέρι στη δεύτερη και κλείστε το ξανά στην πρώτη στη διάρκεια της πιρουέτας.

να επιτυγχάνετε το ρελεβέ. Για να το κατορθώσετε αυτό, μην παραμελείτε τις βασικές ασκήσεις· χωρίς σταδιακή εκμάθηση των κινήσεων των ποδιών, δε θα μπορέσετε να έχετε τα σωστά αποτελέσματα και να κατανοήσετε, στη συνέχεια, τη μυϊκή δύναμη και το συντονισμό που απαιτείται για την εκτέλεση μιας γκραν πιρουέτας, η οποία γίνεται αν ντεόρ ή αν ντεντάν. Όταν το σώμα στρέφεται προς την εξωτερική κατεύθυνση του ανασηκωμένου ποδιού σε πασέ, είναι αν ντεόρ, δηλαδή προς τα έξω, ενώ όταν στρέφεται προς τα μέσα, δηλαδή προς το ακίνητο πόδι, είναι αν ντεντάν.

Υπάρχουν ακόμα πολλά βήματα που εκτελούνται σε περιστροφή, γι' αυτό χαρακτηρίζονται αν τουρνάν (*en tournant*).

Η χρήση του κεφαλιού, το λεγόμενο «τίναγμα», παίζει πολύ σημαντικό ρόλο στις πιρουέτες. Θα κάνετε κάποιες ασκήσεις που θα σας βοηθήσουν να επιταχύνετε το τίναγμα του κεφαλιού και να εντοπίσετε ένα συγκεκριμένο σημείο εκκίνησης κι επιστροφής. Να θυμάστε πάντα ότι, στη διάρκεια της πιρουέτας, το κεφάλι είναι το μέρος του σώματος που ξεκινά τελευταίο και τερματίζει πρώτο! Η γραμμή των ώμων πρέπει οπωσδήποτε να είναι παράλληλη και κάθετη στη γραμμή των πλευρών. Τα χέρια, μετά την αρχική θέση, θα πρέπει να κλείσουν ταυτόχρονα στη διάρκεια της πιρουέτας και μετά ν' ανοίξουν και πάλι φτάνοντας στη δεύτερη, παραμένοντας σε ντεμί πλιέ.

ΠΙΡΟΥΕΤΑ ΑΝ ΝΤΕΝΤΑΝ ΑΠΟ ΤΗΝ ΤΕΤΑΡΤΗ

1

Το μπροστινό πόδι είναι σε ντεμί πλιέ, ενώ το πίσω είναι τεντωμένο. Το ένα χέρι είναι στην πρώτη και το άλλο στη δεύτερη θέση. Μοιράστε το βάρος του σώματος στηριζόμενοι στο μπροστινό πόδι και διατηρήστε ίσια την πλάτη.

2

Δώστε μια ώθηση και με τα δυο σας πόδια και σηκώστε σε ντεμί πουέντ το αριστερό πόδι, με το δεξί σε πασέ. Ταυτόχρονα, ανοίξτε το αριστερό χέρι στη δεύτερη και σηκώστε το ψηλά μαζί με το άλλο.

Γκραν πιρουέτα

Η εξάσκηση για την γκραν πιρουέτα, σε αραμπέσκ και σε ατιτίντ, γίνεται σε ντεμί πουέντ, με την ίδια προετοιμασία που γίνεται για τη μελέτη των μικρών περιστροφών· η εισαγωγική θέση των ποδιών είναι ίδια. Ακόμα και αυτές οι πιρουέτες μπορεί να εκτελεστούν αν ντεόρ και αν ντεντάν.

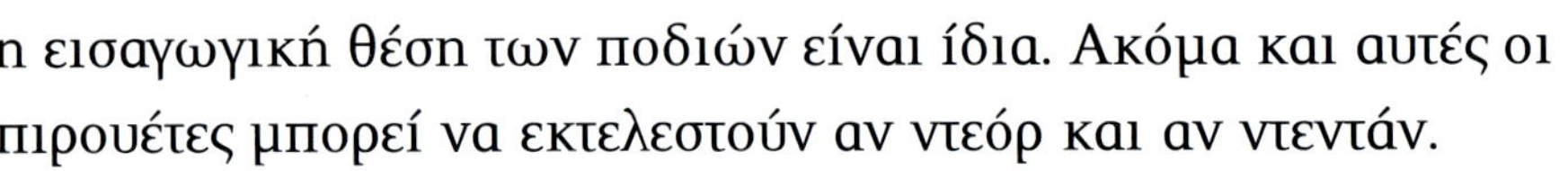

Πρέπει να αποκτήσετε την απαραίτητη σωματική δύναμη για να εκτελέσετε συνεχόμενες πιρουέτες. Για μια άψογη στάση και για τη διατήρηση της πόζας στη διάρκεια της περιστροφής χρειάζεται πολλή εξάσκηση. Ο πρώτος όρος,

ΠΙΡΟΥΕΤΑ ΣΕ ΑΡΑΜΠΕΣΚ

1

Το μπροστινό πόδι είναι σε ντεμί πλιέ, ενώ το πίσω είναι τεντωμένο. Το δεξί χέρι στην πρώτη και το αριστερό στη δεύτερη. Το βάρος του σώματος, που γέρνει ελαφρώς, πέφτει κυρίως στο μπροστινό πόδι.

2

Σπρώχνοντας και με τα δύο πόδια ανεβαίνετε στις μύτες, φέρνοντας μπροστά τη φτέρνα και ανασηκώνοντας το πίσω πόδι σε αραμπέσκ. Ταυτόχρονα ανοίξτε το δεξί χέρι στη δεύτερη για να δώσετε ώθηση και τεντώστε και το αριστερό. Η παλάμη των χεριών πρέπει να είναι στραμμένη προς τα κάτω. Διατηρήστε την πόζα κατά τη διάρκεια της περιστροφής.

απαραίτητος για τη σωστή εκτέλεση των περιστροφών, είναι να διατηρείτε «ενωμένο» το σώμα σας, αποφεύγοντας να χάσετε τελικά τον έλεγχο. Σύμφωνα με το τεχνικό λεξιλόγιο πρέπει να βρείτε «το μπροστά», δηλαδή να επικεντρωθείτε σε ένα σημείο μπροστά για να το ξαναβρείτε μετά την περιστροφή, ώστε να μειώσετε το αίσθημα του ιλίγγου.

Θεωρητικά, στη διάρκεια κάθε είδους περιστροφής, το κεφάλι πρέπει να είναι στραμμένο προς το κοινό ή όσο το δυνατόν περισσότερο μπροστά.

Αυτού του είδους οι περιστροφές είναι αργές και εκτελούνται συνήθως στη διάρκεια του αντάζ.

ΠΙΡΟΥΕΤΑ ΣΕ ΑΤΙΤΙΝΤ

1. Το μπροστινό πόδι είναι σε ντεμί πλιέ, ενώ το πίσω είναι τεντωμένο. Το δεξί χέρι στην πρώτη και το αριστερό στη δεύτερη. Το βάρος του σώματος, που γέρνει ελαφρώς, πέφτει κυρίως στο μπροστινό πόδι.

2. Ανεβαίνετε στις μύτες, φέρνοντας τη φτέρνα προς τα μπρος. Ανασηκώστε το πίσω πόδι σε ατιτίντ. Ταυτόχρονα ανοίξτε το δεξί χέρι στη δεύτερη για να δώσετε ώθηση. Σηκώστε το άλλο χέρι ψηλά και διατηρήστε την πόζα στη διάρκεια της περιστροφής.

Γκλισάντ

Η γκλισάντ (*glissade*), που σημαίνει «γλίστρημα», μπορεί να εκτελεστεί σε διάφορες κατευθύνσεις· μπροστά, στο πλάι, πίσω και, μάλιστα, αλλάζοντας πόδι ή και χωρίς αυτό. Το σώμα μετακινείται, ανασηκώνεται ελαφρώς από το έδαφος, για κλείσει μετά σ' ένα ντεμί πλιέ. Στη διάρκεια της κίνησης να θυμάστε να τεντώνετε καλά τις μύτες των ποδιών.

Αυτή η άσκηση θα φανεί χρήσιμη στην προετοιμασία των αλμάτων.

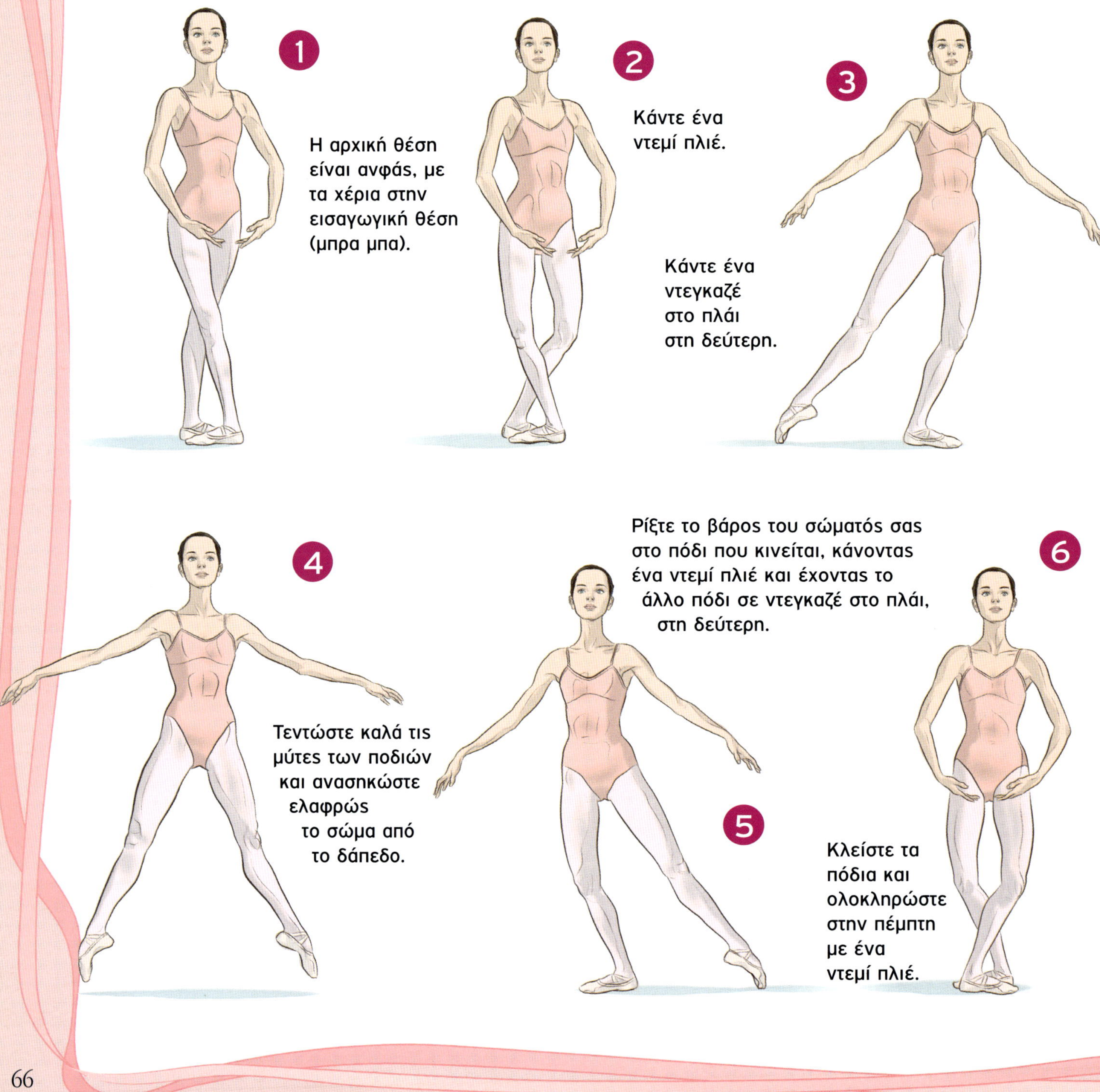

Πα ντε μπουρέ

Το πα ντε μπουρέ (*pas de bourrée*) είναι ένα βήμα που επιτρέπει τη μετακίνηση του βάρους του σώματος από το ένα πόδι στο άλλο. Θα σας βοηθήσει να ενισχύσετε την ισορροπία σας και να βελτιώσετε την κίνησή σας στο χώρο. Έχει διάφορες μορφές και εναλλακτικές εκδοχές, με αποτέλεσμα να το χρησιμοποιείτε σε αρκετούς συνδυασμούς και να το εκτελείτε ακόμα και στη διάρκεια του αλέγκρο.

Έχει χαρακτηριστεί ως «συνδετικό βήμα», γιατί επιτρέπει να ενώνονται μεταξύ τους τα βήματα με τις κινήσεις. Αυτή η ακολουθία ονομάζεται ενσανμάν (*enchaînement*).

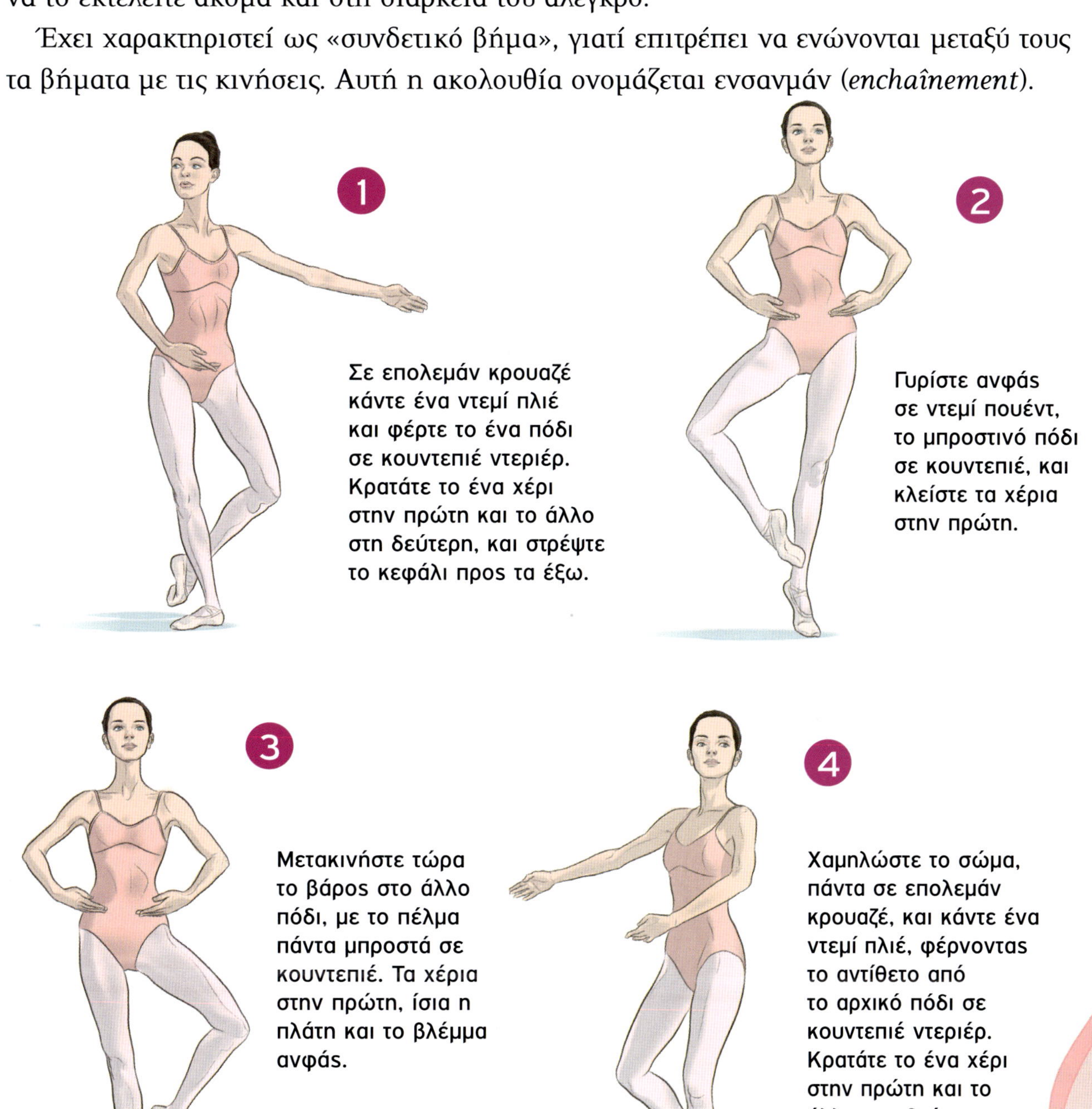

1. Σε επολεμάν κρουαζέ κάντε ένα ντεμί πλιέ και φέρτε το ένα πόδι σε κουντεπιέ ντεριέρ. Κρατάτε το ένα χέρι στην πρώτη και το άλλο στη δεύτερη, και στρέψτε το κεφάλι προς τα έξω.

2. Γυρίστε ανφάς σε ντεμί πουέντ, το μπροστινό πόδι σε κουντεπιέ, και κλείστε τα χέρια στην πρώτη.

3. Μετακινήστε τώρα το βάρος στο άλλο πόδι, με το πέλμα πάντα μπροστά σε κουντεπιέ. Τα χέρια στην πρώτη, ίσια η πλάτη και το βλέμμα ανφάς.

4. Χαμηλώστε το σώμα, πάντα σε επολεμάν κρουαζέ, και κάντε ένα ντεμί πλιέ, φέρνοντας το αντίθετο από το αρχικό πόδι σε κουντεπιέ ντεριέρ. Κρατάτε το ένα χέρι στην πρώτη και το άλλο στη δεύτερη, και στρέψτε το κεφάλι προς τα έξω.

Μικρά άλματα

Τα άλματα είναι ένα σημαντικό και διασκεδαστικό κομμάτι του μαθήματος, που ονομάζεται αλέγκρο (*allegro*) και στη μουσική ορολογία σημαίνει «ζωντανό» και «χαρούμενο».

Τα άλματα χωρίζονται σε μικρά, μεσαία και μεγάλα· τα μικρά βοηθούν στην προετοιμασία των μεσαίων και των μεγάλων. Ένα καλό μπαλόν (*ballon*), δηλαδή μια καλή

ΤΑΜ ΣΟΤΕ ΣΤΗΝ ΠΡΩΤΗ ΑΝΦΑΣ

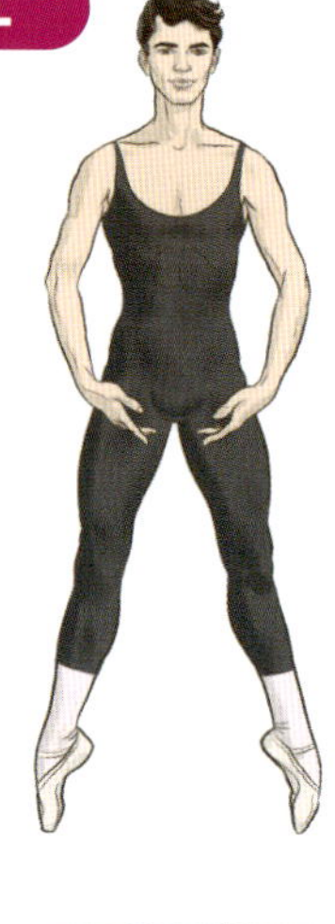

Κάντε ένα ντεμί πλιέ στην πρώτη. Τα χέρια είναι στην εισαγωγική θέση, δηλαδή σε μπρα μπα.
Εκτελέστε τώρα ένα μικρό άλμα ανασηκώνοντας το σώμα από το έδαφος, και τεντώστε με ενέργεια τις μύτες των ποδιών και τα γόνατα. Διατηρήστε ίσιο το θώρακα, σφίξτε τους γλουτούς και στρέψτε τα πόδια αν ντεόρ.
Γυρίστε πάλι στην πρώτη και κάντε ένα πολύ βαθύ ντεμί πλιέ.
Οι φτέρνες πρέπει να ακουμπούν καλά στο έδαφος.

ΣΑΝΖΜΑΝ

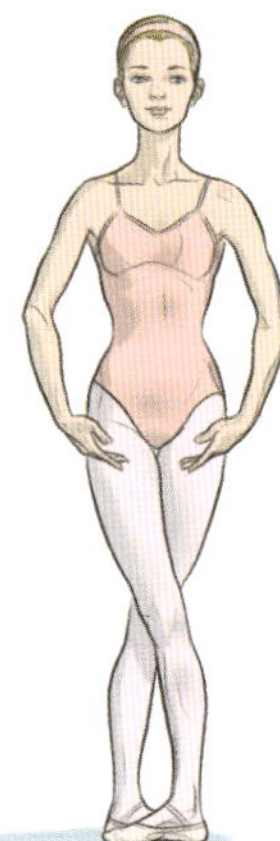
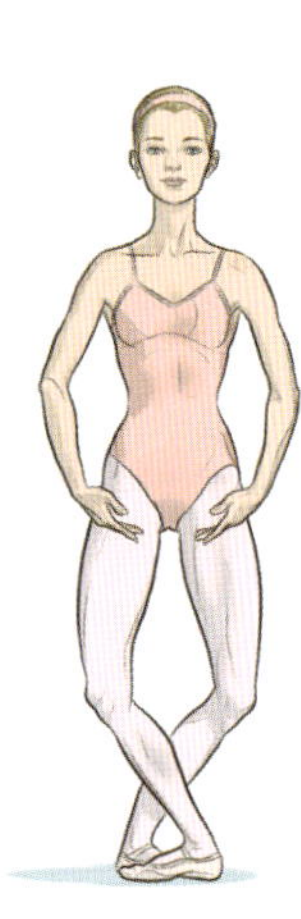
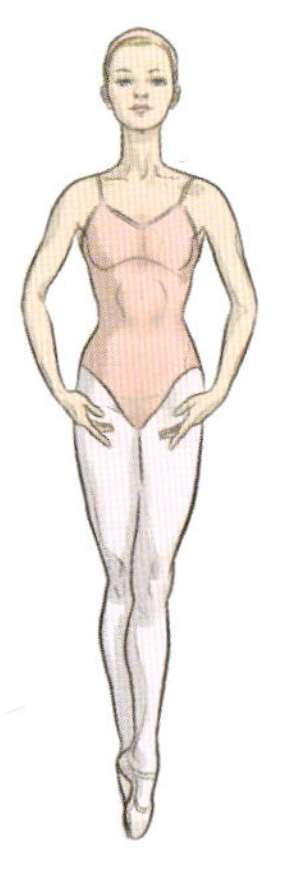
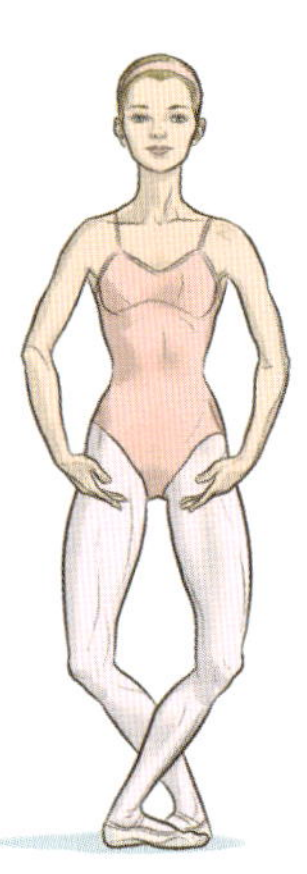
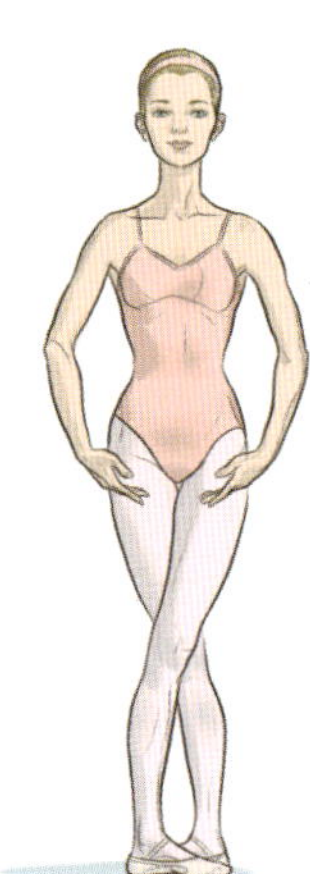

Ξεκινάτε με τα πόδια στην πέμπτη και τα χέρια σε μπρα μπα. Λυγίστε τα γόνατα σε ντεμί πλιέ για να προετοιμαστείτε για το άλμα, χωρίς να αφήσετε τους αστραγάλους να πέσουν μπροστά. Σπρώξτε με δύναμη και αναπηδήστε αντιστρέφοντας στον αέρα τη θέση των ποδιών. Ολοκληρώστε στην πέμπτη και κάντε ένα ντεμί πλιέ ακουμπώντας καλά τις φτέρνες στο έδαφος για να σταθεροποιήσετε την επιστροφή σας. Τεντώστε τα πόδια και διατηρήστε τα χέρια σε μπρα μπα, με τους ώμους χαμηλωμένους και ίσιο το θώρακα.

ανύψωση, επιτυγχάνεται μ' ένα βαθύ και ελαστικό ντεμί πλιέ, με τη σωστή χρήση της δύναμης των δαχτύλων των ποδιών για ώθηση, τον έλεγχο του αν ντεόρ και το θώρακα σε όρθια θέση, ταυτόχρονα με την άψογα συντονισμένη κίνηση των άνω άκρων, ώστε να γίνεται ανάλαφρο το άλμα.

Καλό είναι να ξεκινάτε μ' ένα πτι αλέγκρο και στη συνέχεια να μάθετε να πηδάτε και ψηλότερα, δηλαδή να εκτελείτε ένα γκραν αλέγκρο.

ΕΣΑΠΕ

Τα πόδια ξεκινούν από μια ποζισιόν και ανοίγουν στην επόμενη, για να κλείσουν στην αρχική αλλά αντεστραμμένα. Κάντε ένα ντεμί πλιέ στην πέμπτη και εκτελέστε ένα άλμα φέρνοντας τα χέρια στην πρώτη και τεντώνοντας τα πόδια, κρατώντας το ίδιο πόδι μπροστά. Προσγειωθείτε ανοίγοντας τα πόδια και τα χέρια στη δεύτερη. Πηδάτε ξανά κρατώντας ανοιχτά τα πόδια και τα χέρια στη δεύτερη. Ολοκληρώστε το άλμα στην πέμπτη με το άλλο πόδι μπροστά και τα χέρια σε μπρα μπα.

ΠΑ ΝΤΕ ΣΑ

Ξεκινάτε στην πέμπτη. Στρέψτε το κεφάλι στο πλάι, στην κατεύθυνση που θα εκτελέσετε την άσκηση, με το ένα χέρι στην πρώτη και το άλλο στη δεύτερη. Μ' ένα βαθύ ντεμί πλιέ ανασηκώστε και φέρτε το πόδι πίσω, στο ύψος της γάμπας. Πηδάτε και κάνετε ένα ρετιρέ με τα δύο πόδια – ενώ είστε στον αέρα, ενώστε τις τεντωμένες μύτες των ποδιών σας. Προσγειωθείτε στο ένα μόνο πόδι σε ντεμί πλιέ, ενώ το άλλο γλιστράει από το ύψος του γόνατου στην πέμπτη, δηλαδή στην αρχική θέση.

Μεγάλα άλματα

Χαρακτηρίζονται έτσι όλα τα άλματα που απαιτούν μεγαλύτερη ανύψωση και μεγάλη μετακίνηση στο χώρο. Κατά την εκτέλεση αυτών των αλμάτων προσπαθήστε να μη δείχνετε την προσπάθειά σας, γι' αυτό πρέπει να έχετε κάνει καλό ζέσταμα και να έχετε αρκετό χώρο στη διάθεσή σας.

Γκραν ζετέ αν αβάν, με το πίσω πόδι λυγισμένο σε ατιτίντ κρουαζέ

Γκραν ζετέ αν κρουαζέ. Σ' αυτό το μεγάλο άλμα ο χορευτής μοιάζει σαν να πετάει.

Ταμ ντε πουασόν (*temp de poisson*). Σημαίνει «βήμα του ψαριού» και είναι ένα από τα χαρακτηριστικά άλματα των ανδρικών παραλλαγών. Μπορείτε να το δείτε στο μπαλέτο *Η Ωραία Κοιμωμένη* και στο πα ντε ντε *Το Γαλάζιο Πουλί*.

Τα χέρια μπορεί να βρίσκονται σε διάφορες θέσεις. Δεν πρέπει να είναι άκαμπτα και απλώς να κινούνται, αλλά να έχουν χάρη. Αυτό είναι πολύ σημαντικό για να στηρίζεται σωστά ο κορμός και η πλάτη, και για να φαίνεται ανάλαφρο το σώμα.

Η αποκόλληση και η επιστροφή στο έδαφος πρέπει να εκτελούνται σωστά, για να αποφεύγονται οι τραυματισμοί στις αρθρώσεις.

Εστιάστε την προσοχή σας στο πάνω μέρος του σώματος, το οποίο πρέπει να είναι πολύ σταθερό· το σώμα το χορευτή μοιάζει να αιωρείται.

Ένα από τα ωραιότερα άλματα είναι το γκραν ζετέ ουβέρ.

Θα παρατηρήσετε ότι τα πόδια σχηματίζουν μια γραμμή και ανοίγουν σε γκραν εκάρ, σαν σπαγγάτο στον αέρα.

Στις μύτες

Οι μπαλαρίνες που χόρευαν στις μύτες έμοιαζαν κάποτε με υπερφυσικά όντα, εύθραυστα και ανάλαφρα, δίνοντας σχεδόν την εντύπωση ότι αιωρούνταν. Το όνειρο κάθε μικρού κοριτσιού που θέλει να γίνει χορεύτρια είναι να φορέσει τις πουέντ. Να θυμάστε πάντως ότι η χρήση των πουέντ πρέπει να ξεκινά περίπου στα έντεκα χρόνια. Δεν ενδείκνυται να χορεύετε στις μύτες μέχρι να δυναμώσουν αρκετά τα πόδια σας.

Πώς να φορέσετε τις πουέντ

Βάλτε το πόδι σας στο παπούτσι.

Φροντίστε να εφαρμόζει καλά.

Ακουμπήστε το πόδι στο πάτωμα και πιάστε τις κορδέλες.

Περάστε την εσωτερική κορδέλα πάνω από το πόδι, γυρίστε την πίσω από τον αστράγαλο και ξαναφέρτε την μπροστά.

Κρατήστε την άλλη κορδέλα.

Περάστε την εξωτερική κορδέλα πάνω από το πόδι, γυρίστε την πίσω από τον αστράγαλο και ξαναφέρτε την μπροστά.

Κρατήστε το άκρο κάθε κορδέλας στην εσωτερική πλευρά του αστραγάλου και στερεώστε τες με διπλό κόμπο.

Κρύψτε καλά τις άκρες κάτω από τις ίδιες τις κορδέλες.

Κινήστε το πόδι και ελέγξτε τα κορδόνια. Δεν πρέπει να είναι πολύ σφιχτά δεμένα.

Πρέπει πρώτα να έχετε προετοιμαστεί κατάλληλα και να έχετε αναπτύξει την απαραίτητη μυϊκή και οστική δομή για αυτού του είδους τις ασκήσεις.

Δεν είναι σωστό να περπατάτε στις μύτες των ποδιών σε μικρή ηλικία, καθώς τα οστά και οι αρθρώσεις είναι ακόμα σε φάση ανάπτυξης και θα επηρεάζονταν άσχημα, προκαλώντας βλάβες στη σπονδυλική στήλη και στα κάτω άκρα.

Ένα από τα πρώτα βήματα με τις πουέντ είναι το πα κουρί (*pas couru*), δηλαδή εκείνα τα χαρακτηριστικά βηματάκια, το ένα πλάι στο άλλο, που πολύ συχνά εκτελούνται στη *Λίμνη των Κύκνων*.

Όταν φορέσετε τις πουέντ, θα αρχίσετε να εκτελείτε απλές ασκήσεις στην μπάρα, για να αποκτήσετε δύναμη και σταθερότητα. Στη συνέχεια, αφού θα έχετε αποκτήσει την κατάλληλη ισορροπία, θα μπορέσετε να δοκιμάσετε κάποιες δυσκολότερες ασκήσεις.

Ρελεβέ στις μύτες στην τέταρτη, με το πόδι πάνω στην μπάρα

Γκραν πλιέ στη δεύτερη στις μύτες, με τα δύο χέρια στην μπάρα

Ρελεβέ στις μύτες σε αραμπέσκ, με το ένα χέρι στην μπάρα

Ρελεβέ στις μύτες σε ατιτίντ, με το ένα χέρι στην μπάρα

Ανατομία

Όταν χορεύουμε, το σώμα μας βρίσκεται σε μεγάλη ένταση και διαρκή προσπάθεια. Οι ασκήσεις, αν εκτελεστούν λάθος, μπορεί να προκαλέσουν τραυματισμούς ή άλλες παθήσεις. Γι' αυτό είναι σημαντικό να γνωρίζουμε το μυϊκό και σκελετικό μας σύστημα και να χρησιμοποιούμε τους σωστούς όρους για να αναφερόμαστε στα μέρη του σώματός μας.

Οι μύες

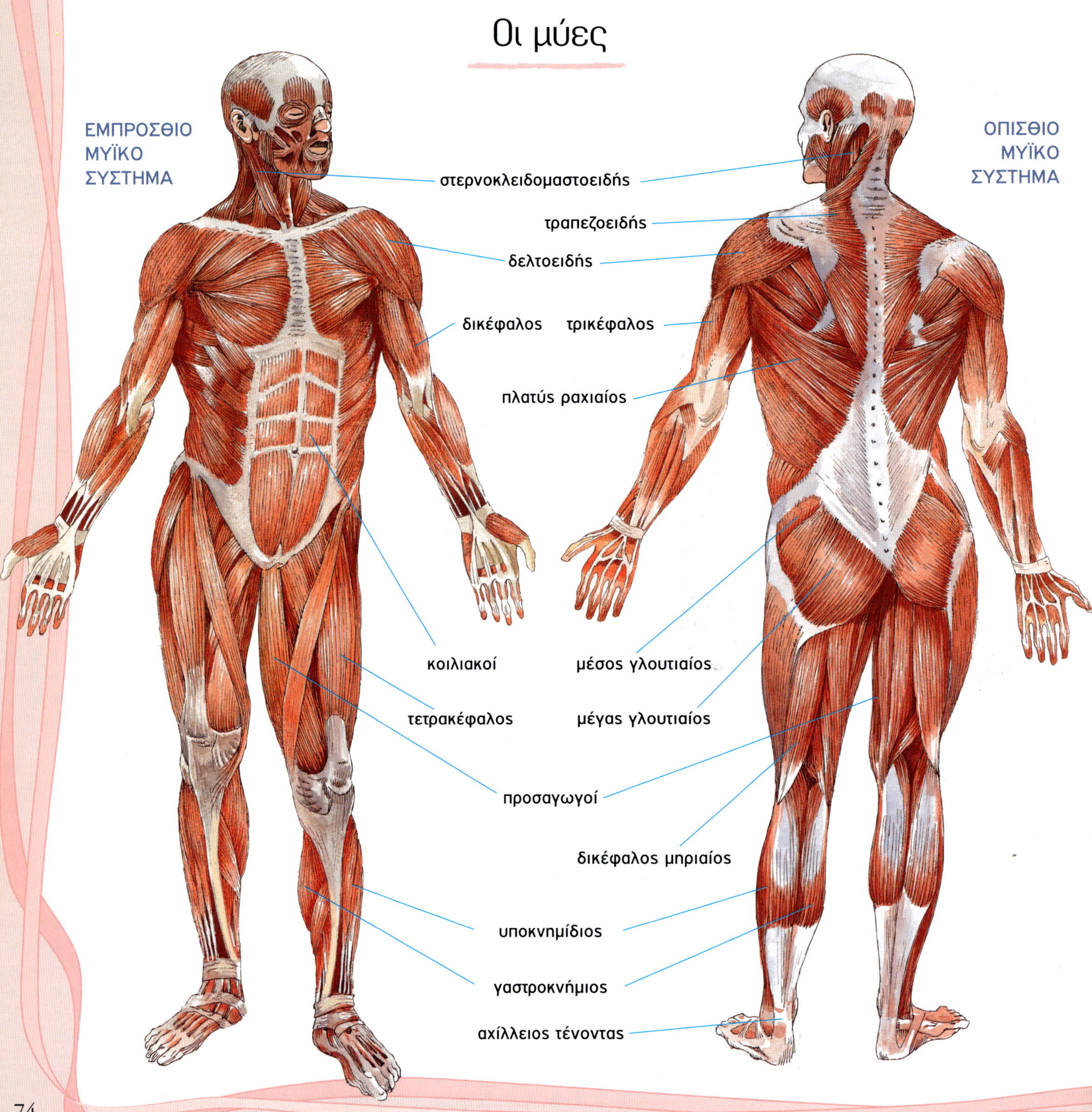

Βασικό ρόλο για τις διάφορες κινήσεις στο χορό παίζουν και τα οστά. Ακολουθεί η περιγραφή του σκελετικού συστήματος, που στηρίζει τους μυς.

Ο σκελετός

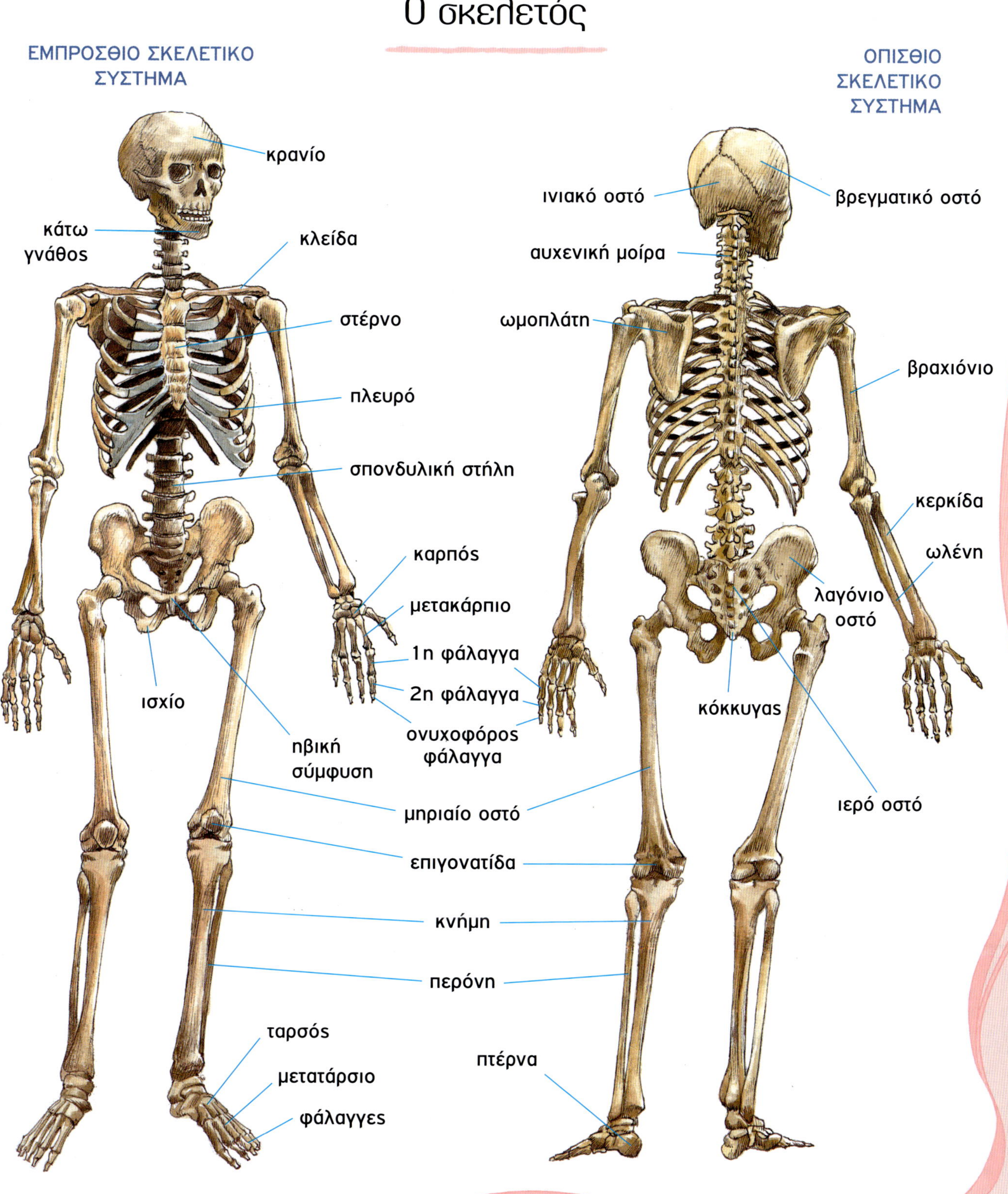

Παθολογία του χορού και λειτουργικά μέρη του σώματος

Η ισορροπία των μυών του σώματος επιτυγχάνεται χάρη σε μια σωστή στάση, πράγμα που σημαίνει ότι πρέπει η μυϊκή δύναμη να είναι υπό τον έλεγχό σας. Γι' αυτό, λοιπόν, πρέπει να ασκείτε σωστά και συμμετρικά όλους τους μυς, ώστε η ανάπτυξή τους να είναι ισορροπημένη.

Μια λάθος κίνηση, αν διαιωνίζεται, μπορεί να προκαλέσει σοβαρές βλάβες. Μια διαρκής έντονη προσπάθεια μπορεί να οδηγήσει σε κατάγματα –ειδικά στην κνήμη ή στο μετατάρσιο–, να σας υποχρεώσει σε πλήρη ακινησία ή πολλές φορές να επιφέρει άλλα πιο σύνθετα και δυσκολότερα προβλήματα. Αν, αντίθετα, σέβεστε το σώμα σας και δεν το καταπονείτε με υπερβολική άσκηση, θα βελτιώσετε την απόδοσή σας και θα αποφύγετε τους τραυματισμούς.

ΤΟ ΓΟΝΑΤΟ
Οι βλάβες στο μηνίσκο και στις αρθρώσεις είναι πολύ χαρακτηριστικές για τους χορευτές· μπορεί να προκληθούν λόγω μιας λανθασμένης εκτέλεσης του ντεμί πλιέ ή κάποιου άλματος. Πολύ συχνά οι λανθασμένες ποζισιόν, οι κακές εκτελέσεις και η έλλειψη ισορροπίας στην ανάπτυξη μυϊκών ομάδων μπορεί να οδηγήσουν σε διάφορες φλεγμονές.

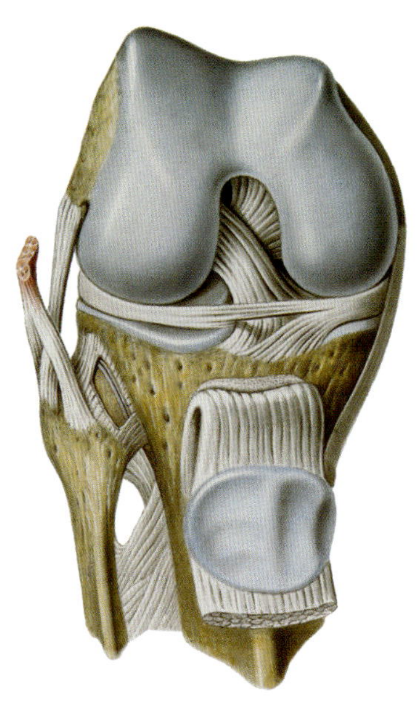

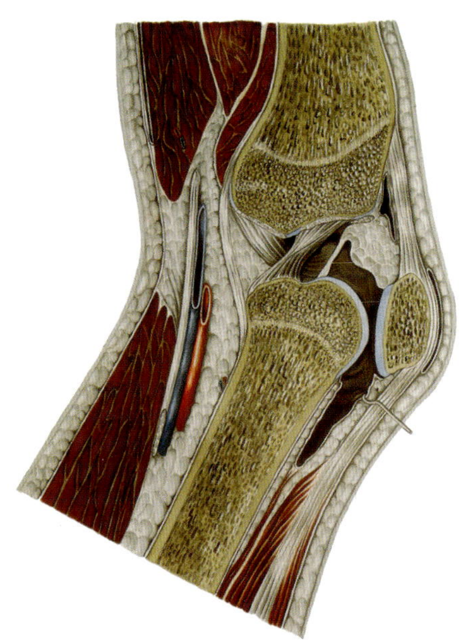

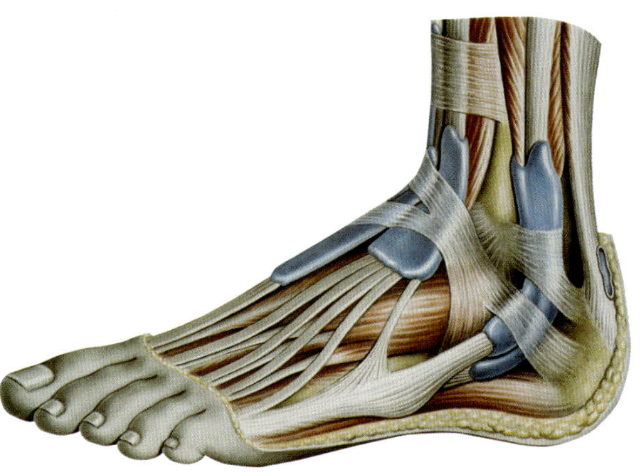

ΑΣΤΡΑΓΑΛΟΣ ΚΑΙ ΠΕΛΜΑ
Αυτή η άρθρωση, που χωρίζεται σ' ένα πλάγιο κι ένα εσωτερικό μέρος, ενισχύεται από πολλούς συνδέσμους. Ο συχνότερος τραυματισμός του αστραγάλου είναι το διάστρεμμα, στο οποίο προστίθενται οι φλεγμονές στον αχίλλειο τένοντα και οι θυλακίτιδες στον τένοντα του οπίσθιου κνημιαίου μυ. Ορισμένα προβλήματα προκαλούνται από τραυματισμούς ή ακατάλληλα παπούτσια, πολύ στενά δεμένα, και ανωμαλίες στη στήριξη και την κίνηση του ποδιού.

ΤΟ ΚΑΤΩ ΑΚΡΟ

Η συνεχής πίεση μπορεί να προκαλέσει σοβαρά προβλήματα στις αρθρώσεις, στους μυς, στα οστά και στους συνδέσμους.

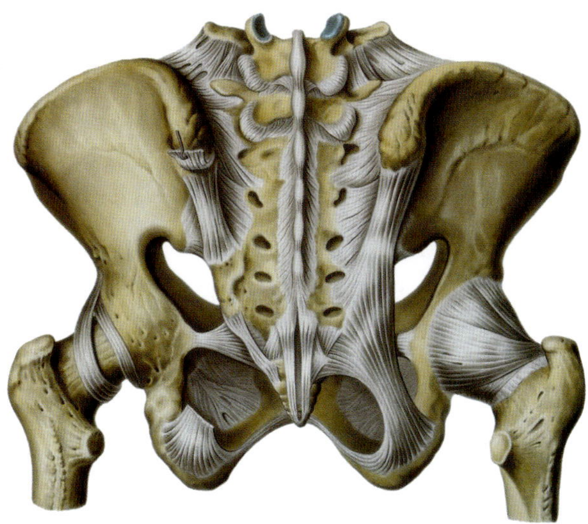

Η ΛΕΚΑΝΗ

Το ισχίο είναι πολύ σημαντικό για ένα χορευτή· καθώς πρόκειται για τη μεγαλύτερη άρθρωση του σώματος, μας επιτρέπει να εκτελέσουμε τις μεγάλες και περιστροφικές κινήσεις των κάτω άκρων. Απ' αυτό το εσωτερικό κομμάτι της λεκάνης καθορίζεται πολλές φορές το εύρος του αν ντεόρ. Αυτή η σημαντική άρθρωση αποτελείται επιπλέον από την κεφαλή του μηριαίου οστού και την κοτύλη της λεκάνης.

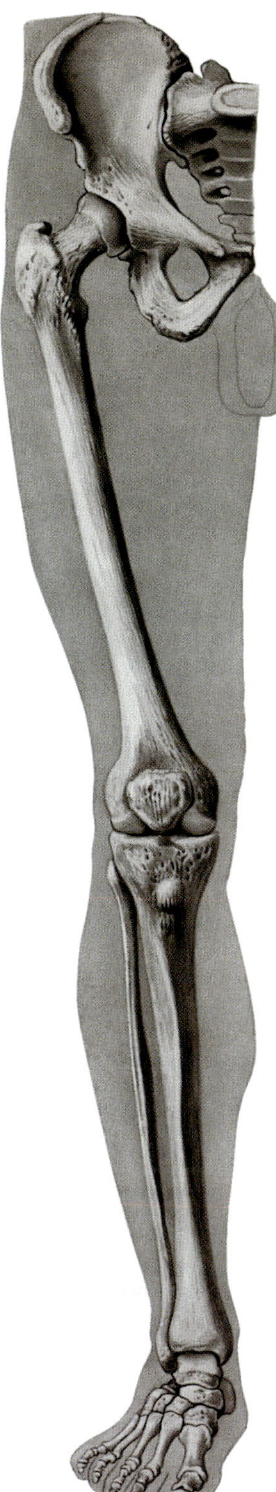

Η ΣΠΟΝΔΥΛΙΚΗ ΣΤΗΛΗ

Στη διάρκεια των μαθημάτων χορού, η σπονδυλική στήλη πρέπει να είναι σε όρθια θέση, αλλά σε επίπεδο αρθρώσεων δε σημαίνει ότι πρέπει να αλλοιώνεται η φυσική κυρτή δομή της! Το βάρος του σώματος πρέπει να κατανέμεται στους διάφορους δίσκους της σπονδυλικής στήλης, αλλά δεν πρέπει ποτέ να πέφτει όλο εκεί, γιατί μπορεί να προκαλέσει σημαντικά προβλήματα, όπως σκολίωση, δισκοπάθεια ή λόρδωση.

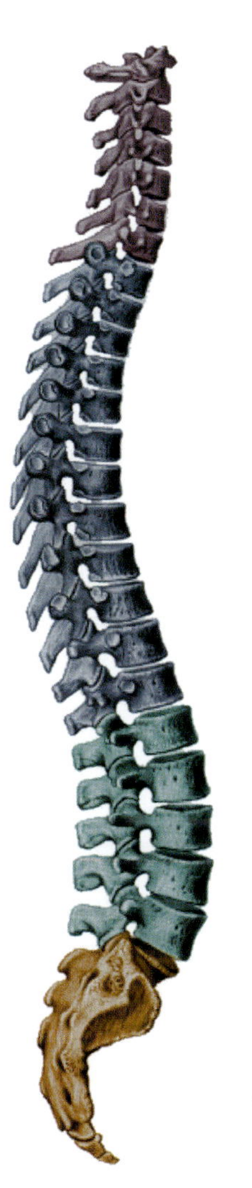

Φυσιολογία της κίνησης του χορού

Όταν κοιτάζετε ένα δέντρο, βλέπετε τον κορμό, τα κλαδιά, τα φύλλα, τα άνθη, τους καρπούς, και μερικές φορές ακόμα και τις ρίζες στις οποίες στηρίζεται για να μεγαλώσει. Σκεφτείτε ότι κι εσείς, με τα πόδια και τα χέρια, τη λεκάνη, το θώρακα, την πλάτη και το κεφάλι, μοιάζετε με δέντρο που συγκρατεί το δικό του «κορμό».

ΑΡΑΜΠΕΣΚ
Παρατηρήστε καλά την αραμπέσκ· για να εκτελεστεί σωστά, απαιτεί μια σωστά κατανεμημένη μυϊκή δύναμη και μια άψογη ισορροπία στο ένα πόδι, ενώ το άλλο πρέπει να στηρίζεται σωστά.

ΚΑΜΠΡΕ
Το καμπρέ (*cambré*) είναι μια κάμψη του θώρακα που, αν εκτελεστεί λανθασμένα, μπορεί να προκαλέσει σοβαρά προβλήματα στους μεσοσπονδύλιους δίσκους.

Ο σκελετός, αυτό το συμπαγές και ευέλικτο σύστημα που στηρίζει το μυϊκό σύστημα και προστατεύει τα εσωτερικά όργανα, αποτελεί τη βάση των κινήσεων και καθορίζει το εύρος και την κατεύθυνσή τους. Παρατηρώντας προσεκτικά κάποιες εικόνες, θα αντιληφθείτε ότι:

• Οι αρθρώσεις είναι τα σημεία-κλειδιά για την κίνηση, ενώνουν τα οστά του σκελετού και σχηματίζουν διακλαδώσεις.

• Οι μύες κινούν το σκελετό, συσπώνται και χαλαρώνουν αλλάζοντας μορφή και σύσταση ανάλογα με τις εντολές που τους στέλνει ο εγκέφαλος. Η φυσική εξωτερική τους μορφή μπορεί να αλλάξει τόσο λόγω της άσκησης όσο και από τον ίδιο τον τύπο των ασκήσεων που εκτελούνται.

Οι κινητικές ικανότητες μιας χορεύτριας όμως δεν είναι ανεξάρτητες από τις ιδέες, τα συναισθήματα και τις σκέψεις της. Ο χορός είναι μια καλλιτεχνική μορφή έκφρασης που απαιτεί δεξιοτεχνία και γνώση του σώματος, αλλά τρέφεται και από την ευαισθησία και την προσωπικότητα του χορευτή.

ΤΟ ΠΟΔΙ ΣΤΗΝ ΜΠΑΡΑ

Αυτή είναι μία από τις πιο συνηθισμένες ασκήσεις που εκτελούνται με το ένα πόδι στην μπάρα. Είναι πολύ χρήσιμη για την ανάπτυξη του μυϊκού συστήματος και για την εκτέλεση του γκραν εκαρτέ. Προσέξτε, όμως, να τεντώνετε σωστά τη σπονδυλική στήλη στη διάρκεια αυτής της άσκησης.

ΚΕΦ. 3

ΤΑ ΕΙΔΗ ΤΟΥ ΧΟΡΟΥ

Η ετουάλ Λουτσία Λακάρα στη σκηνή

Τα είδη χορού αφορούν συγκεκριμένους συνδυασμούς βημάτων και κινήσεων που διδάσκονται στις σχολές και στις ακαδημίες χορού, τα οποία παγιώνονται μέσα στο χρόνο και επαναλαμβάνονται με τον ίδιο τρόπο· στην πραγματικότητα όμως, ο χορός ως εκφραστικό μέσο πάντα ανανεωνόταν και εμπλουτιζόταν από τάσεις των δημιουργών και από προσμείξεις ειδών, που εμπόδισαν την παρακμή του.

Σήμερα, λοιπόν, θα ήταν περιοριστικό να αναφερθούμε μόνο στον κλασικό, το σύγχρονο και το μοντέρνο χορό. Κάθε είδος χορού, αν εκτελείται με πάθος και τεχνική κατάρτιση, είναι αξιόλογο, και όποιος ασχολείται με αφοσίωση και επιμονή αξίζει πάντα το σεβασμό μας.

Είναι επίσης αλήθεια ότι κάθε είδος έχει διαφορετικές απαιτήσεις και προϋποθέτει διαφορετικές σπουδές: Αν ο ακαδημαϊκός χορός δίνει απόλυτη έμφαση στην τελειοποίηση των κινήσεων, στο μιούζικαλ είναι απαραίτητες οι σπουδές υποκριτικής, απαγγελίας και τραγουδιού· αν για το στριτ ντανς (street dance) απαιτείται καλή φυσική κατάσταση, ακροβατικές ικανότητες και δημιουργικότητα, για τους αφρικανικούς χορούς χρειάζεται πνευματική χαλάρωση και διάθεση των χορευτών να συμμετέχουν σε μια ομαδική, απελευθερωτική τελετουργία...

Κλασικός

Αν ο χορός είναι μια τέχνη που γεννά έντονα συναισθήματα, ο κλασικός χορός αποτελεί τη βάση όλων των ειδών.

Το μπαλέτο είναι μια τέχνη που εμπεριέχει την ομορφιά, την εκφραστικότητα και την τραγικότητα· ο καλλιτέχνης, ερμηνεύοντας τους διάφορους ρόλους, κατορθώνει να βιώσει χιλιάδες συναισθήματα και το κοινό, μέσω των παραστάσεων, μπορεί να τα δεχτεί και να τα νιώσει.

Σε αντίθεση με τα άλλα είδη, το λεξιλόγιο που χρησιμοποιείται στον κλασικό χορό ποικίλλει και είναι αρκετά σύνθετο, καθώς είναι πλούσιο σε τεχνικούς όρους, τυποποιημένες κινήσεις και διαφορετικές μεθόδους σπουδών.

Η Μονίκ Λουντιέρ στην Όπερα του Παρισιού

Οι σπουδές Οι σπουδές κλασικού χορού είναι πολύ απαιτητικές· ο χορευτής πρέπει να κατανοεί πόση σωματική κόπωση απαιτεί η τέχνη αυτή, να έχει επίγνωση των θυσιών που συνεπάγεται και, πάνω απ' όλα, να διαθέτει υπομονή, επιμονή και αγάπη για τη δουλειά του.

Για τη διαμόρφωση ενός κλασικού χορευτή είναι απαραίτητη η «μεταμόρφωση» του σώματος με στόχο την τελειοποίηση της τεχνικής του. Κάθε καλλιτέχνης είναι σίγουρα μοναδικός από άποψη συγκρότησης, προσωπικότητας, χαρίσματος και ευαισθησίας. Πρέπει λοιπόν να βρει την ιδανική ισορροπία ανάμεσα στις δυνατότητες του σώματος και της ψυχής του, που εξελίσσονται διαρκώς, αναζητώντας συνεχώς νέες μορφές έκφρασης.

Αν η κίνηση του ανθρώπινου σώματος είναι κάτι απόλυτα φυσιολογικό, ο επαγγελματίας χορευτής πρέπει να μπορεί να την κάνει συναρπαστική και γεμάτη νοήματα, έτσι ώστε να μεταδίδει στο κοινό τα συναισθήματα που θέλει να εκφράσει.

Η Πολίνα Σεμιόνοβα στη Λίμνη των Κύκνων

Το μπαλέτο στη Λίμνη των Κύκνων

Μπαλαρίνα και ντίβα Πολύ συχνά, στις παραστάσεις υπάρχουν μπαλαρίνες που έχουν σχεδόν τις ίδιες τεχνικές ικανότητες με την πρίμα μπαλαρίνα· η διαφορά μεταξύ τους δεν έγκειται μόνο στην ικανότητα εκτέλεσης, αλλά σε αυτό που πηγάζει από μέσα τους, μια και η πνευματικότητα είναι αυτό που μεταμορφώνει τη χορεύτρια σε πραγματική «ντίβα».

Ετουάλ (*étoile*), δηλαδή «αστέρι», είναι ο ανώτερος τίτλος στην ιεραρχία ενός μπαλέτου και αποδίδεται σε μια πρίμα μπαλαρίνα ή έναν πρώτο χορευτή από το διευθυντή ενός θεάτρου, για να δείξει το ιδιαίτερα υψηλό επίπεδο επαγγελματισμού τους. Ο όρος αυτός χρησιμοποιήθηκε πρώτη φορά στην Όπερα του Παρισιού.

Για να γίνει κάποιος επαγγελματίας χορευτής, πρέπει να δουλέψει σκληρά και να προχωρήσει σε μια βαθιά «εσωτερική αναζήτηση»· θα πρέπει, με λίγα λόγια, να βρει μέσα του την εκφραστικότητά του και το δικό του ξεχωριστό τρόπο να εμφανιστεί στο κοινό.

Η μετάδοση των συναισθημάτων δεν είναι εύκολη υπόθεση· στη σκηνή, ο χορευτής χρησιμοποιεί το σώμα του για να διηγηθεί μια ιστορία και να ερμηνεύσει ένα ρόλο.

Η Ανιές Λετεστού και ο Ζαν-Γκιγιόμ Μπαρτ στο μπαλέτο Απόλλων Μουσηγέτης

Ομαδικός χορός Ο βασικός στόχος κάθε φιλόδοξου χορευτή είναι να γίνει μέλος μιας ομάδας κλασικού μπαλέτου.

Από τη στιγμή που θα ολοκληρώσει τις σπουδές του σε μια σχολή χορού, θα πρέπει να αντιμετωπίσει τις οντισιόν που κάνουν τα θέατρα για να διαλέξουν χορευτές και χορεύτριες.

Στο εσωτερικό μιας χορευτικής ομάδας, εκτός από τους χορευτές απασχολούνται πολλοί ακόμα άνθρωποι, καθένας από τους οποίους έχει διαφορετικά καθήκοντα. Η ομάδα είναι σαν μια μεγάλη οικογένεια, όπου όλοι συνεργάζονται για την πραγματοποίηση της παράστασης.

Η Πολίνα Σεμιόνοβα στη Λίμνη των Κύκνων

Όταν οι χορευτές δουλεύουν σε μια ομάδα, περνούν πολλές ώρες μαζί και προπονούνται καθημερινά. Ξεκινούν με το πρωινό μάθημα και συνεχίζουν με ατελείωτες πρόβες για την παράσταση που θα ανεβάσουν. Αυτή η διαρκής εξάσκηση εγγυάται την αρτιότητα του αποτελέσματος.

Τέλος, είναι πολύ ικανοποιητικό για ένα χορευτή να χορεύει μπροστά σε ένα μυημένο κοινό, ικανό να τον εκτιμήσει και να τον κρίνει εποικοδομητικά. Το να υποβάλλει τον εαυτό του στην κριτική του κοινού τού δίνει κίνητρο και τον βοηθά να βελτιώνεται· τα χειροκροτήματα από μόνα τους δεν είναι ενδεικτικά για το αν χορεύει καλά.

Ρόλοι και ιεραρχίες Σε κάθε ομάδα υπάρχει συγκεκριμένη ιεραρχία ανάμεσα στους χορευτές. Η ακόλουθη, για παράδειγμα, ισχύει για την Όπερα του Παρισιού· οι ετουάλ βρίσκονται στην κορυφή της πυραμίδας, ακολουθούν οι πρίμες μπαλαρίνες, οι σολίστ, οι κορυφαίοι και το κορ ντε μπαλέ.

Η Κάρλα Φράτσι στο Βασιλικό Θέατρο του Τορίνο

Η Καρίν Σενέκα, πρίμα μπαλαρίνα στο Μπαλέτο της Βοστόνης

Προετοιμασία της παράστασης Στη φάση της προετοιμασίας μιας παράστασης κλασικού χορού, το πρώτο και σημαντικότερο βήμα είναι αναμφίβολα η δημιουργία της χορογραφίας. Ο διευθυντής της ομάδας αποφασίζει να ανεβάσει ένα νέο μπαλέτο και επιλέγει το χορογράφο που θα το χορογραφήσει.

Ο χορογράφος είναι ο υπεύθυνος για την οργάνωση ή την επινόηση νέων συνδυασμών βημάτων, αλλά και για την αναθεώρηση μπαλέτων και τον εμπλουτισμό των κλασικών, που έχουν διάρκεια στους αιώνες και διατηρούν ακόμα ανέπαφο μεγάλο μέρος της αρχικής χορογραφίας.

Το πρόγραμμα Από τη στιγμή που θα ολοκληρωθεί η χορογραφία της παράστασης, ο διευθυντής οργανώνει την πρεμιέρα, ορίζοντας την ημερομνία και το χώρο όπου θα ανεβεί. Έτσι το μπαλέτο μπαίνει σε πρόγραμμα, ορίζεται δηλαδή το σύνολο των παραστάσεων που προτείνει κάθε θέατρο, είτε πρόκειται για πρόζα, χορό ή μουσική. Πολλές φορές μάλιστα, ένα θέατρο μπορεί να φιλοξενεί για πολλά χρόνια την ίδια παράσταση· αυτό σημαίνει ότι έχει τεράστια επιτυχία!

Ο ετουάλ Βλαντιμίρ Ντερεβιάνκο στη σκηνή

Η Αλεσάντρα Φέρι και ο Φεντερίκο Μπέτι

Το νεοκλασικό μπαλέτο Το νεοκλασικό μπαλέτο στην ουσία αποτελεί την εξέλιξη και τη σύγχρονη έκφραση του κλασικού στυλ. Αυτό το είδος μπαλέτου έγκειται στον πρωτότυπο συνδυασμό ενός συνόλου κλασικών κινήσεων με απαιτητικά και πολύπλοκα βήματα.

Ο χορογράφος Τζορτζ Μπαλανσίν ήταν αυτός που καθιέρωσε το συγκεκριμένο είδος χορού.

Αφού έφυγε από την ΕΣΣΔ, στη δεκαετία του '30, ο Μπαλανσίν διετέλεσε διευθυντής της σχολής του Αμερικανικού Μπαλέτου και ίδρυσε την ομώνυμη ομάδα, που εξελίχθηκε στη σημαντικότερη των Ηνωμένων Πολιτειών – στη συνέχεια ονομάστηκε Μπαλέτο της Νέας Υόρκης. Οι έξοχες χορογραφίες του είναι ακόμα και σήμερα από τις πιο αγαπητές και έχουν τύχει ενθουσιώδους υποδοχής σε ολόκληρο τον κόσμο.

Ο Ρομπέρτο Μπολέ και η Πολίνα Σεμιόνοβα στη σκηνή

Καρακτέρ

Χορός καρακτέρ

Το φολκλόρ... Ο καρακτέρ είναι μια ιδιαίτερη κατηγορία κλασικού χορού, που βασίζεται στις λαογραφικές ή εθνικές παραδόσεις που δεν εισήχθησαν ή δε συμπεριλήφθηκαν στο κλασικό μπαλέτο.

Οι χοροί αυτοί, που έχουν εισαχθεί στα μπαλέτα, προέρχονται πολύ συχνά από χώρες της Ανατολικής Ευρώπης, όπως η μαζούρκα, η πόλκα και ο ρωσικός χορός, στους οποίους προστίθενται το φλαμένκο και οι ισπανικοί χοροί.

...στο μπαλέτο Στοιχεία απ' αυτό το στυλ χορού ήταν πάντα ενσωματωμένα στα μπαλέτα, είτε ως ανεξάρτητα τμήματα είτε σε παραλλαγές –στο *Δον Κιχώτη* υπάρχουν πολλά κομμάτια βασισμένα στο ισπανικό στυλ–, αλλά ο καρακτέρ δεν έπαιζε σημαντικό ρόλο στο κλασικό μπαλέτο μέχρι τη στιγμή που κωδικοποιήθηκε από τον Αλεξάντρ Σιράγιεφ, βοηθό του Πετιπά.

Από τότε, ο χορός αυτός μετατράπηκε σε μια συμπληρωματική τεχνική για το ακαδημαϊκό μπαλέτο, παρόλο που δεν είναι όλες οι σχολές εξοικειωμένες με αυτό το είδος.

Σκηνή από το μπαλέτο Δον Κιχώτης

Η σημασία του καρακτέρ Ο καρακτέρ μπορεί να βοηθήσει το χορευτή να κατανοήσει την προέλευση κάποιων κινήσεων της κλασικής τεχνικής, οι οποίες αποτελούν ξεκάθαρα την εξέλιξη τυποποιημένων κινήσεων του χορού του παρελθόντος. Κατά μία έννοια, αποτελεί το μεταβατικό στάδιο ανάμεσα στην τελετουργία των πρωτόγονων χορών και στην αφηρημένη ιδέα του ακαδημαϊκού χορού. Μπορεί επίσης να χρησιμεύσει ως άσκηση για την ανάπτυξη της ατομικής εκφραστικότητας και ερμηνείας· ο χορευτής δεν πρέπει να σκέφτεται μόνο πώς θα εκτελέσει σωστά τη χορογραφία, αλλά πρέπει να προσπαθήσει να ταυτιστεί με το ρόλο του και να χρησιμοποιήσει παντομίμα για να δημιουργήσει το χαρακτήρα του και να αφηγηθεί την ιστορία του.

Ένα κορίτσι με χτένισμα για καρακτέρ

Τα ρούχα Ο καρακτέρ προϋποθέτει τη χρήση συγκεκριμένων ενδυμάτων, που αντιπροσωπεύουν τη χώρα προέλευσής του και διευκολύνουν την κίνηση των ποδιών και των χεριών· οι αρθρώσεις είναι μερικώς καλυμμένες και συχνά γίνονται βελτιώσεις σε φούστες, μανίκια, κορδέλες, βολάν και μαλλιά. Τα παπούτσια έχουν μέτριο τακούνι, είναι πολύ ανοιχτά και στερεώνονται στα πόδια με λάστιχα. Το σχήμα του τακουνιού και ο τύπος της σόλας διαφέρουν ανάλογα με το είδος του χορού.

Σκηνή από το μπαλέτο Δον Κιχώτης

Μοντέρνος χορός

Ο χορός της αμφισβήτησης Ο μοντέρνος χορός γεννήθηκε τον 20ό αιώνα στις ΗΠΑ, σε μια εποχή όπου στην Ευρώπη ο κλασικός χορός περνούσε μια περίοδο σοβαρής κρίσης. Δημιουργήθηκε ως αντίδραση στους αυστηρούς κανόνες του κλασικού και βασίστηκε στην ευελιξία του σώματος και στην ελευθερία της κίνησης, δημιουργώντας ένα ρεύμα αναζήτησης νέων εκφραστικών μορφών.

Οι πρωτοπόροι αυτού του είδους αμφισβήτησαν την παράδοση του χορού τόσο από τεχνικής άποψης, ως σύστημα βασισμένο σε τυποποιημένες κινήσεις, όσο και ιδεολογικά, ως δραστηριότητα που απευθύνεται σε ένα στενό κύκλο ανθρώπων.

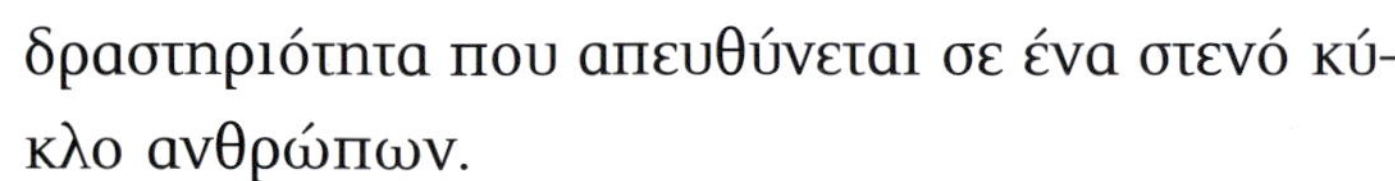

Το σώμα Σύμφωνα με τους εκφραστές αυτής της τάσης, τον κεντρικό πυρήνα του χορού αντιπροσωπεύουν ο επαναπροσδιορισμός της επαφής μας με το σώμα μας και η αναζήτηση της αρμονίας του σώματος στο χώρο.

Στο κλασικό μπαλέτο, οι χορευτές χρησιμοποιούν το χώρο σχηματικά. Χορεύουν σχεδόν πάντα σε όρθια στάση, ενώ όλες τους οι προσπάθειες στρέφονται στην ανύψωση. Ο μοντέρνος

Χορευτές της ομάδας του Άλβιν Έιλι

χορός, αντίθετα, είναι άμεσα συνδεδεμένος με την οριζόντια κίνηση κοντά στο πάτωμα, που υπογραμμίζεται από τα γυμνά πόδια, τις πτώσεις, τη γενική χρήση του χώρου και των διαστάσεών του.

Σ' αυτό το είδος χορού, εξάλλου, τα ρούχα είναι πάντα ανεπίσημα και τα μαλλιά συνήθως λυμένα.

Ο Τεντ Σον και η Ρουθ Σεντ Ντένις

Η Ισιδώρα Ντάνκαν... Η εμφάνιση της Ισιδώρας Ντάνκαν στο κοινό με γυμνά πόδια και αραχνοΰφαντα διάφανα υφάσματα συζητήθηκε πολύ. Η Ντάνκαν απέρριψε τη συμβατικότητα και αυστηρότητα της έκφρασης του κλασικού μπαλέτου, καθώς και τους τεχνητούς περιορισμούς στην τεχνική, και στήριζε το χορό της σε πιο φυσικούς ρυθμούς και κινήσεις.

Καθώς όμως ο τρόπος που χόρευε ήταν πολύ αυθόρμητος και προσωπικός για να αναπαραχθεί από άλλους, οι σχολές που ίδρυσε στην Ευρώπη δεν επέζησαν.

...και οι αρχές της Η Ισιδώρα Ντάνκαν άνοιξε, ωστόσο, το δρόμο για την ευρύτερη αποδοχή και αναγνώριση του μοντέρνου χορού, θέτοντας ορισμένες βασικές αρχές, όπως την παρατήρηση της φύσης και την ανάγκη να ακούμε τον εσωτερικό μας παλμό – καθώς, για εκείνη, ο χορός αποτελούσε βαθύτερη έκφραση του εαυτού μας.

Ο Μερς Κάνινγκαμ

Η Ισιδώρα Ντάνκαν

Η Μάρθα Γκράχαμ το 1950

Ο Τεξανός χορευτής και χορογράφος Άλβιν Έιλι, σ' ένα πορτρέτο του 1979

Μάρθα Γκράχαμ Η Μάρθα Γκράχαμ υπήρξε η κυριότερη φυσιογνωμία του αμερικανικού μοντέρνου χορού, που επηρέασε έντονα διαδοχικές γενιές μοντέρνων χορευτών, χορογράφων και σκηνοθετών.

Για την Γκράχαμ, ο χορός δεν ήταν μόνο αφηγηματικό μέσο, αλλά μπορούσε να διερευνήσει τον πνευματικό και συναισθηματικό κόσμο του ανθρώπου. Γι' αυτό, δημιούργησε μια νέα τεχνική, βασισμένη στις μυϊκές και νευρομυϊκές αντιδράσεις του σώματος τόσο προς τους εσωτερικούς όσο και προς τους εξωτερικούς ερεθισμούς.

Τα σημεία-κλειδιά της μεθόδου της είναι: η αναπνοή, πρώτη ένδειξη ζωής του ανθρώπου και βάση για ασκήσεις που εκτελούνται στο έδαφος, σε όρθια στάση ή στο χώρο· η διαρκής επαφή με τη γη· η εμπλοκή και η εκφραστικότητα κάθε μέρους του σώματος· οι έντονες κινήσεις· η σπειροειδής κίνηση, που ξεκινά από το κέντρο του σώματος και αποτυπώνει τη συστροφή σε όλη τη σπονδυλική στήλη.

Η μέθοδος Κάνινγκαμ Ο Μερς Κάνινγκαμ ανέπτυξε καινούριες φόρμες αφηρημένης χορευτικής κίνησης, που χαρακτηρίζεται από ξαφνικές εναλλαγές και αντιθέσεις. Καθώς πίστευε ότι η κίνηση πρέπει να είναι απαλλαγμένη από συναισθηματικές επιπλοκές, δημιούργησε τη «συμπτωματική χορογραφία», μια τεχνική στην οποία επιλεγμένες και απομονωμένες κινήσεις τοποθετούνται στη σειρά από τυχαία γεγονότα.

Μοντέρνα τζαζ Ο χορός τζαζ πρωτοεμφανίστηκε στις ΗΠΑ και έχει λαϊκές ρίζες. Πρόκειται για ένα μείγμα διάφορων προσωπικών στυλ που προήλθαν από αυτοσχεδιασμούς, οι οποίοι, αν οργανωθούν, αποτελούν χορογραφία. Έχει στοιχεία από το κλασικό μπαλέτο, το μοντέρνο και σύγχρονο χορό, την αφρικανική παράδοση και τους λατινοαμερικάνικους χορούς. Βασικός στόχος της τζαζ είναι κάθε μέρος του σώματος να κινείται ανεξάρτητα από τα υπόλοιπα. Καθώς επηρεάζεται από τα υπόλοιπα είδη, ο χορός αυτός εξελίσσεται διαρκώς προς νέες μορφές, άλλοτε πιο δυναμικές («τζαζ»), άλλοτε πιο ρομαντικές, συναισθηματικές και παθιασμένες («λυρικές»).

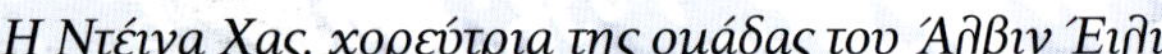

Η Ντείνα Χας, χορεύτρια της ομάδας του Άλβιν Έιλι

Χορευτές της ομάδας του Άλβιν Έιλι στην Κάρμινα Μπουράνα

Ανάμεσα στους σπουδαιότερους εκφραστές αυτού του είδους συγκαταλέγεται και ο διάσημος Τεξανός χορογράφος Άλβιν Έιλι, ο οποίος το 1958 ίδρυσε το αμερικανικό Dance Theater, που φέρει ακόμα το όνομά του.

Το χοροθέατρο του Νικολάις Ο Άλγουιν Νικολάις, ο δημιουργός του χοροθεάτρου, δίνει πίσω στο χορό τη «μαγεία» του· οι αφηρημένες χορογραφίες του συνδυάζουν την κίνηση με διάφορα εντυπωσιακά τεχνικά μέσα και με μια πλήρη αποδέσμευση από την τεχνική και τις καθιερωμένες φόρμες του χορού.

Για το σκοπό αυτό, ο Νικολάις εισάγει τη χρήση της μάσκας για να καλύπτει το πρόσωπο, τα φαρδιά κοστούμια για να κρύψει το σώμα και ένα έξυπνο παιχνίδι φωτός για να ζωντανέψει τις μορφές, στοιχεία που βοηθούν στην απεικόνιση του γκροτέσκου, κωμικού, ειρωνικού και τρυφερού κόσμου στον οποίο ζούμε.

Μέλος της ομάδας του υπήρξε και η Κάρολιν Κάρλσον, σπουδαία ερμηνεύτρια του σύγχρονου χορού.

Χορεύτρια στο Μπολερό *του Ραβέλ, σε χορογραφία του Μορίς Μπεζάρ*

Σύγχρονος χορός

Η Λόρελ Κιν του Lines Contemporary Ballet της Νέας Υόρκης

Ένας χορός σε εξέλιξη Οι ρίζες του σύγχρονου χορού βρίσκονται στο κλασικό μπαλέτο, αλλά δεν πρέπει να ξεχνάμε και τις επιρροές από τα είδη του μοντέρνου χορού.

Ο σύγχρονος χορός είναι ένα ανοιχτό πεδίο διερεύνησης και εξέλιξης της αντίληψης, της κινητικής νοημοσύνης, της φαντασίας και της δημιουργικότητας. Μακριά από τις αυστηρές φόρμες και τεχνικές του κλασικού ακαδημαϊκού μπαλέτου και έχοντας ως βάση τον πειραματισμό, απελευθερώνει την κίνηση και την έκφραση, τη δημιουργία και τα συναισθήματα.

Οι αρχές του Ο σύγχρονος χορός βασίζεται σε ορισμένες παγκόσμιες έννοιες, όπως ο χώρος, ο χρόνος, οι γραμμές, οι καμπύλες, και οι βασικές αρχές του είναι συνδεδεμένες με τα φυσικά φαινόμενα και επηρεασμένες από τις πολεμικές τέχνες. Οι χορευτές επικεντρώνονται στις κινήσεις που έχουν ως βάση το ανθρώπινο σώμα και τη σχέση σώματος-πνεύματος, γι' αυτό και είναι απαραίτητο να βιώσουν την εσωτερικότητα. Τέλος, οι κινήσεις και οι μορφές δημιουργούν στο χώρο μια αλληλοδιαδοχή αβεβαιότητας και φόβου, συναισθήματα που χαρακτηρίζουν την εποχή μας.

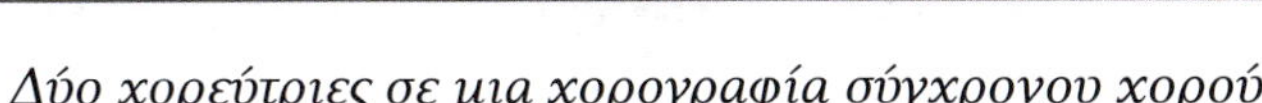

Δύο χορεύτριες σε μια χορογραφία σύγχρονου χορού

Η Μονίκ Λουντιέρ

Οι δεσμοί με τον κλασικό χορό Οι ομάδες που ασχολούνται με το σύγχρονο χορό είναι πολλές, αλλά για ένα χορευτή που θέλει να αφοσιωθεί σ' αυτή την τεχνική είναι απαραίτητη η μελέτη του κλασικού· έχοντας βάσεις από τον κλασικό χορό, μπορεί να αντιληφθεί ποιο είδος ταιριάζει περισσότερο με τις δυνατότητες και το ταμπεραμέντο του.

Το ετήσιο πρόγραμμα πολλών ομάδων περιλαμβάνει σύγχρονες και μοντέρνες παραστάσεις, αλλά και μπαλέτα κλασικού ρεπερτορίου, τα οποία πολλές φορές αναθεωρούνται και εκσυγχρονίζονται.

Η συνεχής εξέλιξη, η δημιουργικότητα, η πρωτοτυπία και η ζωντάνια του σύγχρονου χορού αποτελούν θετική ένδειξη ότι αυτή η σπουδαία τέχνη έχει να προσφέρει πολλά ακόμα.

Ο Αντρέ ντε λα Ρος (μπροστά) και ο Εκτόρ Μπουντλά

Μιούζικαλ

Ο θίασος του A Chorus Line *και η αφίσα από το* Cats

Ο αγγλικός όρος *musical* είναι η συντομογραφία του όρου *musical comedy*, δηλαδή «μουσική κωμωδία». Πρόκειται για ένα θεάμα που συνδυάζει μουσική, χορό και διάλογο, το οποίο γεννήθηκε στο θέατρο για το θέατρο, στη συνέχεια όμως χρησιμοποιήθηκε με μεγάλη επιτυχία και στον κινηματογράφο.

Με τι ασχολείται Το μιούζικαλ προέρχεται από την οπερέτα, θεατρικό είδος που γεννήθηκε στην Ευρώπη –Αυστρία, Γαλλία και Αγγλία– στα μέσα του 19ου αιώνα, η οποία είχε ρομαντική, συναισθηματική πλοκή διάσπαρτη με έντεχνες χορευτικές σκηνές μαζί με διάλογο και τραγούδι, συνήθως κωμικού ή σατιρικού χαρακτήρα.

Γενικά, το μιούζικαλ ασχολείται με επίκαιρα θέματα και έχει συναισθηματικό και διασκεδαστικό περιεχόμενο, χωρίς ωστόσο να αποκλείονται δραματικές και τραγικές σκηνές.

Όσο για τη μουσική συνοδεία, τα κομμάτια και τα τραγούδια που

Σκηνή από την ταινία Jesus Christ Superstar

Ο Τζον Τραβόλτα στο Saturday Night Fever *και η Κάθριν Ζέτα Τζόουνς στο* Chicago

Η αφίσα του Fame

χρησιμοποιούνται μπορεί να είναι ελαφράς μουσικής, τζαζ ή λυρικά, αλλά πολύ συχνά έχουν γραφτεί για τις ανάγκες της συγκεκριμένης παράστασης.

Τα διασημότερα Δεν μπορούμε να αναφέρουμε όλα τα μιούζικαλ που ανέβηκαν στο θέατρο τον προηγούμενο αιώνα, ωστόσο μπορούμε να ξεχωρίσουμε τα *An American in Paris, Cats, Jesus Christ Superstar, A Chorus Line, Rent* – υπάρχει και κινηματογραφική εκδοχή πολλών από αυτά. Ορισμένες παραστάσεις, μάλιστα, είχαν περισσότερες από δέκα χιλιάδες επανεκτελέσεις, όπως το *The Fantasticks*, που παρουσιάστηκε πρώτη φορά το 1960 και από τότε έχει παιχτεί γύρω στις δεκαπέντε χιλιάδες φορές!

Ένα ευρωπαϊκό μιούζικαλ που είχε μεγάλη επιτυχία ήταν το *Notre Dame de Paris*, σε μουσική του Ρικάρντο Κοτσιάντε. Μεταφράστηκε σε πολλές γλώσσες και το παρακολούθησαν εκατομμύρια θεατές σε όλο τον κόσμο.

Αν κατά το παρελθόν πολλά ήταν τα διάσημα θεατρικά μιούζικαλ που γίνονταν ταινίες, σήμερα, αντίθετα, είναι συχνό φαινόμενο να δημιουργούνται θεατρικά μιούζικαλ από ταινίες. Χαρακτηριστικά παραδείγματα είναι τα *Saturday Night Fever, Staying Alive, Footloose, Flashdance, Fame, Moulin Rouge* και *Lion King*.

Η αφίσα του Footloose

Σκηνή από το Staying Alive

Ανατολίτικοι και αφρικανικοί χοροί

Χορεύτριες του χορού της κοιλιάς το 1979

Ένας αρχαίος χορός... Οι ρίζες του ανατολίτικου χορού –μετάφραση του αραβικού όρου *Raqs Sharqi*– χάνονται στα βάθη των αιώνων· ο χορός αυτός προέρχεται από τις τελετουργίες γονιμότητας της κεντρικής Αφρικής ή από τις τελετουργίες προς τιμήν των θεών της γονιμότητας της Μέσης Ανατολής και της Μεσογείου. Στη σημερινή μορφή του, είναι κυρίως διαδεδομένος στον αραβικό κόσμο και στους λαούς της νότιας Μεσογείου.

...και οι προσμείξεις του Προέκυψε έτσι το είδος *Sharqi*, που συνδύαζε τον παραδοσιακό αιγυπτιακό χορό με τους διάφορους χορούς της Δύσης, όπου, μάλιστα, έγινε γνωστός ως «χορός της κοιλιάς». Με την επιτυχία που γνώρισε αυτός ο χορός, μπήκαν στο περιθώριο παραδοσιακές μορφές, όπως το *Sha'abiyya* (παραδοσιακός χορός των Φελλάχων) και το *Baladi* (λαϊκός αστικός χορός).

Το χαρακτηριστικό γνώρισμα του *Raqs Sharqi* είναι η απόλυτη αρμονία της κίνησης με τη μουσική. Η χορεύτρια προσπαθεί να αποδώσει τη μουσική με το σώμα της και να εκφράσει πολύπλοκα συναισθήματα μέσω των κινήσεών της.

Αιγυπτιακός χορός

Το κέντρο του σώματός της είναι η λεκάνη, που δουλεύει ξεχωριστά από το στήθος. Οι κινήσεις των ώμων και των πλευρών είναι ρυθμικές, ενώ οι κινήσεις του θώρακα και των χεριών χυτές. Τα πόδια είναι κολλημένα στη γη, σε παράλληλη διάταξη, και τα γόνατα ελαφρώς λυγισμένα. Σε αντίθεση με το χορό της κοιλιάς, το *Raqs Sharqi* απαιτεί γυμνά πόδια και ρούχα που να καλύπτουν το σώμα.

Ο χορός «της γης» Ο αφρικανικός χορός έχει την ίδια τελετουργική προέλευση με τον ανατολίτικο. Έφτασε στην Ευρώπη στη δεκαετία του '70, χάρη στη μετανάστευση διάφορων καλλιτεχνών αφρικανικής προέλευσης και παράδοσης.

Το είδος που συναντάμε στις σχολές χορού ειναι ένας συνδυασμός του παραδοσιακού αφρικανικού στυλ –με τους συγκοπτόμενους ρυθμούς, τα λυγισμένα γόνατα, την κάμψη του κορμού και τις κινήσεις των γοφών και της λεκάνης– με μια νέα, πολυεθνική εκδοχή, η οποία αναζητά την ευχαρίστηση στην κίνηση του σώματος στο ρυθμό της μουσικής και χορεύεται ομαδικά.

Νεαρή χορεύτρια του χορού της κοιλιάς

Η σχέση του χορευτή με τη γη εξακολουθεί να είναι ουσιώδης· ο αφρικανικός χορός χορεύεται με γυμνά πόδια και πατούσες που αγγίζουν απαλά το χώμα. Η αναζήτηση της αρμονίας ανάμεσα στα διάφορα μέρη του σώματος οδηγεί στις χαλαρές κινήσεις, στην ακρίβεια και τη δύναμη.

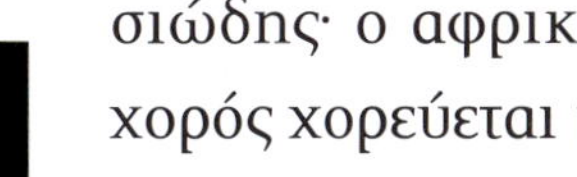

Η εκμάθηση του αφρικανικού χορού είναι επίπονη, απαιτεί επιμονή, συγκέντρωση, κοινωνικότητα και αντοχή.

Αφρικανικός χορός

Street Dance

Μπορεί να αποκαλείται Hip Hop, Break Dance, Funky, Popping, Locking, B-boying, αλλά ο όρος *street dance* αποδίδει καλύτερα τα χαρακτηριστικά αυτού του χορού.

Το street dance αφορά ένα σύνολο χορών που εκφράζονται σε χώρους κοινωνικούς, όπως οι δρόμοι, τα προαύλια των σχολείων και τα κλαμπάκια. Εκτός από χορό και μουσική –χιπ χοπ και ραπ–, ο όρος σχετίζεται και με τάσεις της μόδας –υπερβολικά μεγάλα μεγέθη στα ρούχα– και ζωγραφική στους τοίχους (γκράφιτι).

Χορευτές break dance σε παραστάσεις δρόμου

Έχει ενδιαφέρον το γεγονός ότι οι σκληρές μάχες των περιθωριακών της Νέας Υόρκης αντικαταστάθηκαν από διαγωνισμούς γκράφιτι και χορού τη δεκαετία του '70. Η δημιουργικότητα τείνει λοιπόν να αντικαταστήσει τη σωματική δύναμη και τη βία στο ξεκαθάρισμα λογαριασμών, στην επιβολή του σεβασμού στους αντιπάλους και στην κατάκτηση των κοριτσιών.

Στο δρόμο ή στη σχολή; Έχει άραγε νόημα να διδάσκουμε και να εξασκούμε αυτό το είδος χορού μακριά από τον τόπο προέλευσής του –τις ΗΠΑ– και μέσα στους τοίχους ενός γυμναστηρίου ή κάποιας σχολής; Από τη στιγμή που κάποιο βήμα κωδικοποιείται, διδάσκεται και μαθαίνεται, η καινοτομία μετατρέπεται σε

ακαδημαϊκή γνώση. Το θέαμα, αν δε γίνεται σε ανοιχτό χώρο και υπό μορφή μάχης –η οποία διεξάγεται στο «ρινγκ», δηλαδή σε έναν κύκλο σχεδιασμένο στην άσφαλτο, στο εσωτερικό του οποίου ο χορευτής του street dance επιδεικνύει το ταλέντο του στους αντιπάλους και στο κοινό–, μετατρέπεται σε χορογραφία, ατομική ή ομαδική.

Προσωπικό στυλ Αυτό που μπορεί να μάθει κάποιος σε μια σχολή, ωστόσο, είναι οι καλύτερες κινήσεις των χορευτών δρόμου, μια συγχώνευση των διαφορετικών στυλ τους, κάποιες βασικές γνώσεις που προσεγγίζουν τον έναν ή τον άλλον προσανατολισμό· από 'κεί και πέρα, ο χορευτής θα πρέπει να δημιουργήσει ένα προσωπικό στυλ για να εκφραστεί, γιατί αυτό θα κάνει τη διαφορά και όχι οι αθλητικές του ικανότητες.

Το Breaking ξεκίνησε στα γκέτο της Νέας Υόρκης στις αρχές της δεκαετίας του '70, ταυτόχρονα με τη μουσική funky· πρόκειται για σπασμωδικές ακροβατικές κινήσεις, ανάμεσα στις οποίες συγκαταλέγεται το Six step, χορευτικές φιγούρες στο δάπεδο με στήριξη άλλοτε των χεριών και άλλοτε των ποδιών, με το σώμα αναποδογυρισμένο, που συχνά συνδυάζεται με το Windmill, το στροβιλισμό των ποδιών στον αέρα. Το Popping και το Locking γεννήθηκαν, αντίθετα, στο Λος Άντζελες. Το Locking είναι ένα άνετο στυλ χορού, με μεγάλη ταχύτητα και πολύ ρυθμό, ενώ στο Popping οι κινήσεις είναι γρήγορες και απότομες, με έλεγχο και απομόνωση των μελών. Γνωστά βήματα του Popping είναι το Backsliding –το οποίο έγινε διάσημο χάρη στον Μάικλ Τζάκσον ως MoonWalking– και το Waving, κίνηση του σώματος σαν να το διαπερνά ένα κύμα. Στο Locking περιλαμβάνονται το Scooby Doo walking, περπάτημα με σταμάτημα των γονάτων και τίναγμα σε κάθε βήμα, και το Wrist Twirl, ελεύθερη κίνηση των χεριών και των καρπών.

Μια ομάδα (πάνω) και δύο χορεύτριες του χιπ χοπ

ΚΕΦ. 4

ΣΧΕΤΙΚΑ ΜΕ ΤΟ ΧΟΡΟ

Ο χορός συνεπάγεται πειθαρχία, αφοσίωση και θυσίες, αλλά αποτελεί και πηγή χαράς.

Η αφοσίωση είναι βασική προϋπόθεση για όποιον ακολουθεί αυτή την τέχνη, γιατί χωρίς αυτή δεν μπορεί να φτάσει στο επιθυμητό αποτέλεσμα.

Οι θυσίες είναι απαραίτητες αν θέλει κάποιος να γίνει επαγγελματίας χορευτής, αφού πρέπει να θυσιάσει την προσωπική του ζωή για το χορό· τη διασκέδαση, το χρόνο με τους φίλους του, πολλές φορές τις συνήθειές του και την οικογενειακή του ζωή. Κι αυτό γιατί, εκτός από το χρόνο που αφιερώνει στη μελέτη, μπορεί να χρειαστεί οι πρόβες να γίνουν σε άλλες πόλεις ή, ακόμα, να παρακολουθήσει μαθήματα σε κάποια σχολή μακριά από τον τόπο του. Απαιτείται λοιπόν ένα πολύ καλό κίνητρο και μεγάλο πάθος!

Από την άλλη όμως, ο χορευτής δοκιμάζει έντονες συγκινήσεις, καθώς μέσα από το χορό μπορεί να εκφράσει τον εσωτερικό του κόσμο, ενώ η πρόοδος που σημειώνει στην τεχνική του ή η επιτυχής εκτέλεση μιας χορογραφίας τού προσφέρουν τη μεγαλύτερη ικανοποίηση.

Πάντως, μόνο αν αφήσει τον εαυτό του ελεύθερο και νιώθει πραγματικά τα συναισθήματα που θέλει να εκφράσει κάθε χορογραφία μπορεί να τα μεταδώσει στο κοινό του.

Η Ροζέλα Χαϊτάουερ μόνη της και (πάνω) μαζί με τον Ρούντολφ Νουρέγιεφ το 1962

Ρούντολφ Νουρέγιεφ

Στην υπηρεσία του θεάματος

Το πάθος και η συγκίνηση αποτελούν τη βάση των επαγγελμάτων που στρέφονται γύρω από το χορό, και το ιδανικό για ένα χορευτή είναι να χορεύει σε όλη του τη ζωή εξακολουθώντας να βιώνει την ίδια χαρά.

Προτού ξεκινήσει κάποιος μαθήματα χορού, πρέπει να απευθυνθεί σε αναγνωρισμένες σχολές με ικανούς και έμπειρους δασκάλους· ο ρόλος του δασκάλου δεν είναι μόνο να διορθώνει τα λάθη των μαθητών του, αλλά και να τους βοηθάει να παράγουν τέχνη και να τους συμβουλεύει σε κάθε τους βήμα, φροντίζοντας πάντα ώστε το όνειρό τους να γίνει πραγματικότητα.

Μαθητές παρακολουθούν τη διδασκαλία του μετρ του μπαλέτου Βίκτορ Λιτβίνοφ.

Τα επαγγέλματα Όποιος αγαπά το χορό μπορεί, όταν περάσουν τα χρόνια, να παραμείνει στο χώρο αυτό και να ασχοληθεί με σχετικές δραστηριότητες, για να συνεχίσει έτσι να ζει τη συγκίνηση και να μεταδίδει το πάθος του.

Εκτός από τους δασκάλους, οι χορογράφοι και οι συνθέτες, οι θεατρικοί παραγωγοί και οι διευθυντές μπαλέτων, οι εκπρόσωποι Τύπου και οι τεχνικοί φωτισμού, οι ενδυματολόγοι και οι σκηνογράφοι μπορούν να θέσουν την εμπειρία τους στην υπηρεσία του θεάματος, συνεργαζόμενοι στενά για ένα άρτιο αποτέλεσμα.

Ο χορογράφος Ο χορογράφος είναι ένας καλλιτέχνης ικανός να διαμορφώσει ένα μπαλέτο με βάση ένα μουσικό θέμα –πολλές φορές σε συνεργασία με το μουσικό που το έχει συνθέσει για το σκοπό αυτό– και να επεξεργαστεί τις κινήσεις και τα βήματα που θα διηγηθούν την ιστορία.

Το ταλέντο του χορογράφου εκφράζεται μέσω των χορευτών, που θα πρέπει να εκτελέσουν με επιτυχία τις ιδέες του. Οι σπουδαίοι χορογράφοι κατορθώνουν πάντα να αναδείξουν τις ικανότητες των χορευτών με τους οποίους συνεργάζονται· η ιστορία του χορού είναι γεμάτη από διάσημα ζευγάρια!

Κινηματογράφος και χορός

Στην ευρύτατη κινηματογραφική παραγωγή, υπάρχει ένας ολόκληρος κλάδος αφιερωμένος στη μουσική και στο χορό, με τρεις βασικές κατηγορίες: τα μιούζικαλ, τις ταινίες με μουσική και τις ταινίες που έχουν ως θέμα το χορό.

Οι ταινίες με θέμα το χορό περιγράφουν τον κόσμο του χορού ή τις ιστορίες των χορευτών, δίνοντας έμφαση στις σπουδές και τις θυσίες τους ή εξυμνώντας το ταλέντο κάποιου συγκεκριμένου χορευτή.

Με τον όρο «μιούζικαλ» εννοούμε το θέαμα στο οποίο κυριαρχούν η μουσική, το τραγούδι και ο χορός σε συνδυασμό με την υποκριτική.

Στα μιούζικαλ πολλές φορές τα πρόσωπα δε μιλάνε, όπως στις κανονικές ταινίες, αλλά τραγουδούν και χορεύουν, ακολουθώντας περίπλοκες ατομικές ή ομαδικές χορογραφίες, ενώ η μουσική συνοδεύει κάθε λεπτό της πλοκής. Ο χορός και το τραγούδι είναι λοιπόν η ουσία της ιστορίας, όπως συμβαίνει και στο θεατρικό μιούζικαλ.

Στις ταινίες με μουσική, αντίθετα, ο χορός και το τραγούδι

είναι «οπτικά» στοιχεία· οι μουσικοί και οι τραγουδιστές παίζουν και τραγουδούν –όπως στο Almost Famous *ή στο* The Commitments– *ή η μουσική αποτελεί το φόντο μιας ιστορίας με ξεχωριστή πλοκή – όπως στην πασίγνωστη ταινία* Saturday Night Fever.

Ειδική κατηγορία ταινιών μιούζικαλ είναι και τα φιλμ κινουμένων σχεδίων της Ντίσνεϊ, για τα οποία συνέθεσαν εξαιρετική μουσική ορισμένοι σπουδαίοι μουσικοί του 20ού αιώνα. Οι σκηνές χορού στις ταινίες αυτές έχουν ιδιαίτερο ενδιαφέρον, μια και οι χορευτές είναι ζώα, αντικείμενα ή φυτά... Αναφέρουμε χαρακτηριστικά τη Φαντασία, *την* Πεντάμορφη και το Τέρας, *τον* Αλαντίν *και το* Βασιλιά των Λιονταριών.

Τα τελευταία χρόνια πάντως, παρατηρείται το εξής φαινόμενο· σε αντίθεση με το παρελθόν, που τα μιούζικαλ γεννιούνταν στο θέατρο και στη συνέχεια γίνονταν ταινίες, σήμερα όσες ταινίες σχετίζονται με το χορό και σημειώνουν επιτυχία στη μεγάλη οθόνη διασκευάζονται για το θέατρο. Μάλιστα, έπειτα από μια περίοδο κάμψης, το είδος μοιάζει να έχει μεγάλη επιτυχία παγκοσμίως, τόσο στον κινηματογράφο όσο και στο θέατρο.

Στις επόμενες σελίδες, στο τέλος κάθε ταινίας που περιγράφεται, υπάρχει η κριτική του συγγραφέα με βάση το τεχνικό κομμάτι του χορού:

Χορός		Ταινία	
🩰🩰🩰	ΑΡΙΣΤΑ	★★★	ΑΡΙΣΤΑ
🩰🩰	ΚΑΛΑ	★★	ΚΑΛΑ
🩰	ΜΕΤΡΙΑ	★	ΜΕΤΡΙΑ

THE WIZARD OF OZ (1939)

Το πρώτο κινηματογραφικό μιούζικαλ. Διηγείται την ιστορία της νεαρής Ντόροθι (Τζούντι Γκάρλαντ), που έχει μεταφερθεί στο φανταστικό βασίλειο του Οζ από έναν ισχυρό ανεμοστρόβιλο. Στον κόσμο αυτό, περικυκλωμένη από παραμορφωμένες φιγούρες της καθημερινότητάς της, αντιμετωπίζει τα εμπόδια που της βάζει η κακιά μάγισσα της Δύσης, και με τη βοήθεια των τριών νέων φίλων της –του σκιάχτρου, του δειλού λιονταριού και του τενεκεδένιου ξυλοκόπου– θα προσπαθήσει να γυρίσει σπίτι...

SINGIN' IN THE RAIN (1951)

Πρόκειται για ένα από τα ωραιότερα μιούζικαλ που μας χάρισε η μεγάλη οθόνη. Περιγράφει τη μετάβαση από το βωβό στον ομιλούντα κινηματογράφο, μετάβαση που έσωσε μόνο τους ηθοποιούς που είχαν μια υπέροχη φωνή (Τζιν Κέλι), αποκαθήλωσε παλιές δόξες (Τζιν Χάγκεν) και γέννησε νέα αστέρια (Ντέμπι Ρέινολντς). Η σαρωτική ενέργεια των χορογραφιών του Κέλι παντρεύεται άψογα με τη μοναδική σκηνογραφία, που αποτίει φόρο τιμής σε ολόκληρο τον κόσμο του αμερικανικού θεάματος.

WEST SIDE STORY (1961)

Πρόκειται για την κινηματογραφική εκδοχή ενός μιούζικαλ του Μπρόντγουεϊ, που ξαναζωντανεύει την τραγική ιστορία του Ρωμαίου και της Ιουλιέτας, η οποία όμως αυτή τη φορά διαδραματίζεται στη Νέα Υόρκη· η Μαρία (Νάταλι Γουντ) και ο Τόνι (Ρίτσαρντ Μπέιμερ) γνωρίζονται και αγαπιούνται, αλλά τους χωρίζουν οι αντίπαλες συμμορίες στις οποίες ανήκουν. Χαρακτηριστικά είναι τα εξωτερικά γυρίσματα, που έδωσαν νέα ώθηση στο κινηματογραφικό μιούζικαλ, ενώ η τεχνική ολόκληρης της χορευτικής ομάδας και η ενορχήστρωση του μπαλέτου έχουν μείνει αξέχαστες. Η μουσική είναι του Λέοναρντ Μπέρνσταϊν και οι χορογραφίες του Τζερόμ Ρόμπινς.

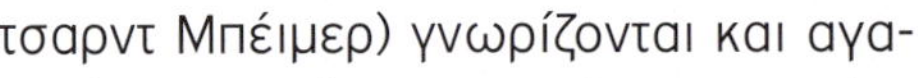

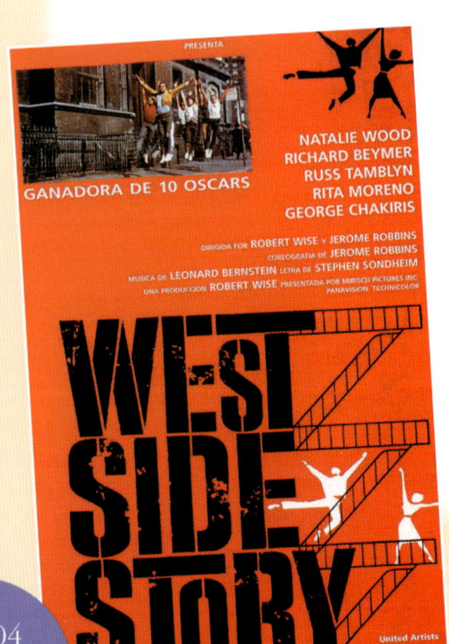

THE ROCKY HORROR PICTURE SHOW (1975)

Στη διάρκεια μιας καταιγίδας, ένα ζευγάρι (Σούζαν Σάραντον και Μπάρι Μπόστγουικ) βρίσκει καταφύγιο σ' ένα στοιχειωμένο σπίτι, του οποίου ο ιδιοκτήτης (Τιμ Κάρι) είναι ένας εξωγήινος που τους εμπλέκει σε μια σειρά φανταστικές και πορνο-κωμικές περιπέτειες, οι οποίες μπορούν να θεωρηθούν ύμνος στη σεξουαλική απελευθέρωση. Η ταινία προκάλεσε με τις σκηνές τραβεστί, σε τέτοιο βαθμό, μάλιστα, που οδήγησε και στη θεατρική εκδοχή του μιούζικαλ, το οποίο παίζεται σχεδόν τριάντα χρόνια στις ΗΠΑ! Είναι αναμφίβολα το ωραιότερο ροκ μιούζικαλ της ιστορίας του κινηματογράφου.

GREASE (1978)

Μια ταινία για τη ζωή των μαθητών των λυκείων της Αμερικής στη δεκαετία του '60. Κεντρικό θέμα της ιστορίας είναι ο έρωτας ανάμεσα στην ντροπαλή Σάντι (Ολίβια Νιούτον-Τζον) και στο σκληρό Ντάνι (Τζον Τραβόλτα). Η ταινία έγινε γνωστή για τα καταπληκτικά τραγούδια και τις χορογραφίες, τους διαγωνισμούς χορού και τις άγριες κόντρες με αυτοκίνητα.

HAIR (1979)

Πρόκειται για την κινηματογραφική εκδοχή ενός μιούζικαλ που παίχτηκε πρώτη φορά στο Μπρόντγουεϊ το 1967 και αποτέλεσε φωνή διαμαρτυρίας ενάντια στον πόλεμο του Βιετνάμ. Η ιστορία ξεκινά με τη συνάντηση ανάμεσα σ' ένα καλό παιδί από την επαρχία, το οποίο είναι έτοιμο να καταταγεί, και μια ομάδα χίπις του Σέντραλ Παρκ. Οι διαφορετικές ζωές τους τελικά συνδέονται... Οι χορογραφίες της Τουάιλα Θαρπ σε εξωτερικούς χώρους είναι εντυπωσιακές, σε πλήρη αρμονία με το σάουντρακ της ταινίας, που έχει μείνει αξέχαστη για τα διάσημα κομμάτια της, όπως το *Aquarius* και το *Let the sunshine*.

FAME (1980)

Η ταινία παρουσιάζει με σαφή και συχνά σκληρό τρόπο το ανταγωνιστικό περιβάλλον των μελλοντικών καλλιτεχνών του θεάματος. Ο σκηνοθέτης Άλαν Πάρκερ παρακολουθεί τις ιστορίες κάποιων ταλαντούχων φοιτητών του High School of Performing Art της Νέας Υόρκης. Στο πρώτο μέρος η ταινία εξελίσσεται σαν ντοκιμαντέρ, ενώ στο δεύτερο η αφήγηση γίνεται πιο εντυπωσιακή, ακολουθώντας ταυτόχρονα την καλλιτεχνική εξέλιξη των πρωταγωνιστών. Η ταινία αυτή κατόρθωσε να επαναφέρει και να εκσυγχρονίσει το είδος του μιούζικαλ στη δεκαετία του '80.

FAME THE MUSICAL

A CHORUS LINE (1985)

Πρόκειται για την κινηματογραφική προσαρμογή ενός μιούζικαλ που είχε ήδη θριαμβεύσει στο Μπρόντγουεϊ και μας παρουσιάζει το χώρο του θεάματος «εκ των έσω». Η ιστορία μιλά για το ανέβασμα ενός μιούζικαλ, ξεκινώντας από τις οντισιόν μέχρι την επιλογή των καλλιτεχνών που θα πάρουν μέρος στο chorus line, οι οποίοι θα πρέπει να έχουν εξαιρετικές επιδόσεις στο χορό, στο τραγούδι και στην ερμηνεία. Το ταλέντο και ο επαγγελματισμός των ηθοποιών του μιούζικαλ κατόρθωσε να μεταδώσει στους θεατές τις φιλοδοξίες, τις ελπίδες και τις απογοητεύσεις των πρωταγωνιστών. Θεωρείται επίσης ο θρίαμβος του χορού τζαζ.

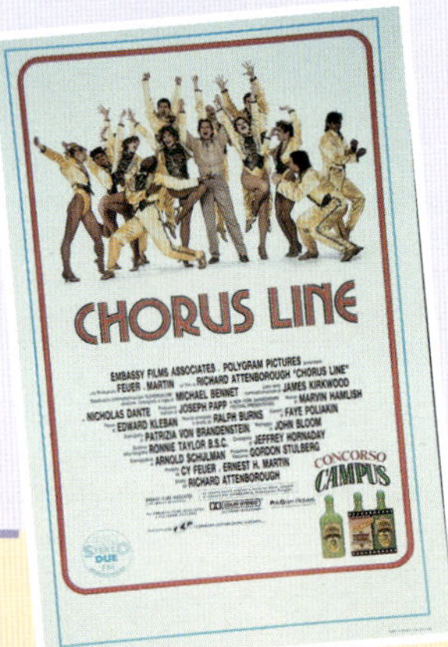

CHICAGO (2003)

Πρόκειται για τη μεταφορά στη μεγάλη οθόνη του περίφημου μιούζικαλ του Μπομπ Φος, που παιζόταν για δεκαετίες στο Μπρόντγουεϊ.

Η επιτυχία της ταινίας οφείλεται και στο καστ, που απαρτίζεται από διάσημους ηθοποιούς· την ξανθιά Ζελβέγκερ, τη μελαχρινή Ζέτα-Τζόουνς και το γοητευτικό Ρίτσαρντ Γκιρ, τον οποίο μπορούμε να θαυμάσουμε και για τις εντυπωσιακές χορευτικές του ικανότητες – οι βασικοί ηθοποιοί χορεύουν και τραγουδούν κανονικά.

Η ιστορία κινείται γύρω από τα κλασικά θέματα αγάπη-θάνατος-σεξ-επιτυχία, σε συνδυασμό με το συναρπαστικό περιβάλλον της ποτοαπαγόρευσης.

MOULIN ROUGE (2001)

Η ταινία διαδραματίζεται στην παρισινή Belle Epoque, στα τέλη του 19ου αιώνα. Βασικό θέμα της είναι η ταραχώδης ιστορία αγάπης των δύο πρωταγωνιστών, της ντίβας του Moulin Rouge, Σατίν, και του συγγραφέα Κρίστιαν (Νικόλ Κίντμαν και Γιούαν ΜακΓκρέγκορ), με υπόκρουση την καλύτερη ποπ μουσική των τελευταίων τριάντα ετών –από τον Έλτον Τζον ως την Πάτι Λαμπέλ–, ερμηνευμένη από ολόκληρο το καστ. Η προβολή της ταινίας θεωρήθηκε «αναγέννηση» των μιούζικαλ, ενός είδους παραμελημένου για μεγάλο διάστημα.

ΤΑΙΝΙΕΣ ΜΕ ΘΕΜΑ ΤΟ ΧΟΡΟ

THE RED SHOES (1948)

Πρόκειται για μια ταινία σχετικά με το χορό, και μάλιστα για την πρώτη του είδους. Εμπνευσμένη από το παραμύθι του Άντερσεν, αφηγείται την ιστορία μιας χορεύτριας –την οποία υποδύεται η Μόιρα Σίρερ–, που την έχει κυριεύσει ο δαίμονας του χορού. Ακόμα και σήμερα, στο Museum of the Moving Image του Λονδίνου, η ταινία προβάλλεται συνεχώς· είναι εντυπωσιακό πόσοι θεατές παραμένουν κολλημένοι μπροστά σ' αυτές τις ασπρόμαυρες εικόνες! Είναι μια καλή ευκαιρία για να ξαναδεί κάποιος δύο χορογράφους που έγραψαν ιστορία στο χορό· τους Μασίν και Άστον.

THE TURNING POINT (1977)

Η ταινία αφηγείται την ιστορία της συνάντησης ενός πρώην χορευτικού ζευγαριού. Η πρώτη (Σίρλεϊ ΜακΛέιν) εγκατέλειψε το χορό για να αφοσιωθεί στην οικογένεια, η δεύτερη (Αν Μπάνκροφτ) είχε μια σπουδαία καριέρα· η καθεμία ζηλεύει την άλλη για όσα αναγκάστηκε να απαρνηθεί, ώσπου έρχονται αντιμέτωπες με ενοχές και αμοιβαίες αδυναμίες. Είναι η πρώτη εμφάνιση του Μπαρίσνικοφ, ερμηνευτή, μαζί με τη Λέσλι Μπράουν και το Θέατρο Αμερικανικού Μπαλέτου, κλασικών μπαλέτων.

BOLERO (LES UNS ET LES AUTRES) (1981)

Πρόκειται για μια σπουδαία ιστορική τοιχογραφία που, σε διάστημα πενήντα χρόνων και σε τέσσερις διαφορετικές πόλεις –Μόσχα, Βερολίνο, Παρίσι, Νέα Υόρκη–, παρακολουθεί τις ιστορίες τεσσάρων οικογενειών που τις συνδέει το πάθος για τη μουσική. Στη μεγαλύτερη εκδοχή της, που προβλήθηκε στην τηλεόραση, μπορούμε να θαυμάσουμε ένα μεγάλο αριθμό χορογραφιών και να εκτιμήσουμε ακόμα περισσότερο την ερμηνεία του Χόρχε Ντον –ταλαντούχου χορευτή της ομάδας του Μορίς Μπεζάρ– στο μπαλέτο που εμπνεύστηκε από το *Μπολερό* του Ραβέλ.

STAYING ALIVE (1983)

Είναι η συνέχεια της ταινίας *Saturday Night Fever*, όπου ο σκληρός Τόνι Μανέρο (Τζον Τραβόλτα) είχε βρει στο χορό ένα μέσο κοινωνικής χειραφέτησης. Εδώ, ο Μανέρο μετατρέπεται σε ημιεπαγγελματία χορευτή· έχοντας εμπιστοσύνη στο ταλέντο του, αντιμετωπίζει την πρόκληση του Μπρόντγουεϊ και κατακτά την επιτυχία. Τα παρασκήνια του μιούζικαλ, οι οντισιόν και οι πρόβες παρουσιάζονται σε όλη τους τη διάσταση.

FLASHDANCE (1983)

Είναι η πρώτη ταινία στην οποία εμφανίστηκε το μπρέικ ντανς στον κινηματογράφο. Η Άλεξ (Τζένιφερ Μπιλς) είναι οξυγονοκολλήτρια το πρωί και χορεύτρια σ' ένα μαγαζί το βράδυ. Στη ζωή της δεν υπάρχει χώρος για κάτι άλλο πέρα από τη δουλειά και το χορό, καθώς ονειρεύεται να γίνει μπαλαρίνα του κλασικού. Τελικά, χάρη στην αγάπη, θα συνειδητοποιήσει τη μεγαλύτερη επιθυμία της... Η πρωταγωνίστρια, στα χορευτικά μέρη, είχε πολλούς αντικαταστάτες κασκαντέρ· μια γυμνάστρια, μια χορεύτρια του μπρέικ ντανς και, παραδόξως, έναν άντρα για το χορό της οντισιόν.

DIRTY DANCING (1987)

Πρόκειται για μια ευχάριστη ταινία που υπογραμμίζει την απελευθερωτική δύναμη του χορού. Διαδραματίζεται στη δεκαετία του '60 και είναι η ιστορία μιας ντροπαλής και άπειρης κοπέλας (Τζένιφερ Γκρέι), που στη διάρκεια των διακοπών της έρχεται σε επαφή με τον κόσμο των ενηλίκων, αλλά και με την εκρηκτική ορμή του χορού και της μουσικής. Ο κοινωνικός θρίαμβος της κοπέλας, την οποία βοηθά να ανακαλύψει το κρυμμένο και καταπιεσμένο ταλέντο της ο τεχνικά άρτιος Πάτρικ Σουέιζι, συνοδεύεται από την τελική αναγνώριση του «απαγορευμένου χορού» ως ακίνδυνο και ευεργετικό μέσο έκφρασης.

WHITE NIGHTS (1985)

Εξαιτίας ενός ατυχήματος, ένας Ρώσος χορευτής, που έχει καταφύγει στο εξωτερικό (Μπαρίσνικοφ), επιστρέφει στη Σοβιετική Ένωση. Βρίσκοντας την ευκαιρία να τον συλλάβει, η Κα-Γκε-Μπε στέλνει έναν Αφροαμερικανό χορευτή (Γκρέγκορι Χάινς), που έχει καταφύγει στην ΕΣΣΔ για να αποφύγει τον πόλεμο του Βιετνάμ, ώστε να τον πείσει να παραμείνει. Οι δύο άντρες αναγκάζονται να συμβιώσουν και να προπονηθούν σκληρά σε μια αίθουσα του μυθικού θεάτρου Κίροφ, με πράκτορες να τους παρακολουθούν νυχθημερόν. Οι δυο τους αρχίζουν να σχεδιάζουν μαζί τη φυγή τους...
Εκτός από τις μοναδικές χορευτικές στιγμές που μας χαρίζει, με τις έξοχες πιρουέτες του Μπαρίσνικοφ και τη σπουδαία ερμηνεία του Χάινς στο ταπ, η ταινία αποτελεί κι ένα ντοκουμέντο για την περίοδο του ψυχρού πολέμου.

DANCERS (1987)

Η προσωπική ιστορία των πρωταγωνιστών βασίζεται στο διάσημο μπαλέτο *Ζιζέλ*. Ο Μπαρίσνικοφ, σκηνοθέτης επίσης της ταινίας, παραπλανά μια νεαρή χορεύτρια (Τζούλι Κεντ, μετέπειτα πρίμα μπαλαρίνα του Θεάτρου Αμερικανικού Μπαλέτου) και στη συνέχεια την εγκαταλείπει. Η ταινία περιγράφει όσα συμβαίνουν στα παρασκήνια, δίνοντας ταυτόχρονα πολλές πληροφορίες σχετικά με τα βήματα και τις χορογραφίες, ενώ στο δεύτερο μέρος παρακολουθούμε όλη τη δεύτερη πράξη της *Ζιζέλ*, με ερμηνευτές τον Μπαρίσνικοφ, την Αλεσάντρα Φέρι (Ζιζέλ), τη Λέσλι Μπράουν (Μύρτα) και τον Βίνσεντ Μπάρμπι (Ιλαρίονας).

BILLY ELLIOT (2000)

Η ταινία αφηγείται την προσωπική ιστορία ενός Άγγλου χορευτή, που αναγκάστηκε να αντιμετωπίσει τις δυσκολίες του περιβάλλοντος της επαρχίας όπου μεγάλωσε. Ο Μπίλι Έλιοτ (Τζέιμι Μπελ), έπειτα από πολλές συγκρούσεις με τον πατέρα του, που αρχικά αντιτίθεται στην κλίση του, γίνεται δεκτός στη Βασιλική Ακαδημία. Η ταινία έγινε και θεατρικό μιούζικαλ.

SAVE THE LAST DANCE (2001)

Ενώ η Σάρα (Τζούλια Στάιλς) δίνει εξετάσεις για χορό, η μητέρα της σκοτώνεται σε δυστύχημα. Η ζωή της κοπέλας αλλάζει ξαφνικά· εγκαταλείπει την πόλη της και το χορό, για να μείνει με τον πατέρα της στο Σικάγο. Χάρη σ' ένα συμμαθητή της όμως (Σον Πάτρικ Τομας), η Σάρα θ' αρχίσει και πάλι να ζει και να χορεύει και, μέσω του χιπ χοπ, θα επιστρέψει στον κλασικό χορό. Η συνάντηση των πολιτισμών δίνει νέα πνοή στο χορό, μέσω της πρόσμειξης των διάφορων ειδών.

THE COMPANY (2004)

Χάρη σε μια ιδέα της ηθοποιού Νιβ Κάμπελ, που πρωταγωνιστεί, ο σπουδαίος σκηνοθέτης Ρόμπερτ Όλτμαν βρίσκει αφορμή για να μιλήσει για τις μανίες, τις εμμονές και το στρες των χορευτών του κλασικού μπαλέτου, που συχνά παραπαίουν ανάμεσα στη σωματική και ψυχική ισορροπία και ανισορροπία, ενώ ταυτόχρονα ανταγωνίζονται σκληρά ο ένας τον άλλο.

Μουσική

Ο κόσμος του χορού είναι στενά συνδεδεμένος με αυτόν της μουσικής. Ήδη από τα πρώτα μαθήματα οι δάσκαλοι ζητούν από τους μαθητές να ακολουθήσουν το ρυθμό και να κατανοήσουν το χαρακτήρα των κομματιών στα οποία βασίζονται οι ασκήσεις· όποιος δε νιώθει τη μουσική μέσα του δε θα γίνει ποτέ πραγματικός χορευτής!

Ενώ όταν διδασκόμαστε χορό γνωρίζουμε τη χορευτική μουσική, τα κλασικά μπαλέτα μάς φέρνουν σε επαφή με τη μουσική που πάντα ήταν συνώνυμη του μπαλέτου.

Έτσι, γνωρίζοντας τους διασημότερους συνθέτες όλων των εποχών, μπορούμε να κατανοήσουμε πώς η μουσική τους συνδέεται με τα σπουδαιότερα και πιο αξιομνημόνευτα μπαλέτα της ιστορίας.

Πάντως, όταν ο χορογράφος συνεργάζεται στενά με το συνθέτη και ζητά νέα μουσική απ' αυτόν, η μουσική που συντίθεται αποκλειστικά για το σκοπό αυτό ολοκληρώνει ένα μπαλέτο.

ΠΙΟΤΡ ΙΛΙΤΣ ΤΣΑΪΚΟΦΣΚΙ

Γεννήθηκε στο Βότκινσκ της Ρωσίας το 1840. Παράλληλα προς το αριστουργηματικό ορχηστρικό του έργο, θεωρείται ο κορυφαίος μουσικοσυνθέτης του κλασικού μπαλέτου, με πρώτο τη *Λίμνη των Κύκνων* το 1877. Ακολούθησε, το 1890, η *Ωραία Κοιμωμένη*, ένα από τα σπουδαιότερα έργα του χάρη και στη χορογραφία του Μαριούς Πετιπά. Η απήχηση του μπαλέτου στο κοινό ήταν εντυπωσιακή. Η μουσική ενθουσίασε ακόμα μια φορά λόγω του συμφωνικού χαρακτήρα της, ο οποίος διέφερε από τις μουσικές που συνόδευαν το χορό στο παρελθόν. Το γεγονός αυτό συνέβαλε και στην απομάκρυνση από το ρομαντικό μπαλέτο και στην εδραίωση του κλασικού, όπου κυριαρχούσε η τεχνική δεξιοτεχνία – ο ρόλος της Αουρόρα είναι εξαντλητικός, πραγματική δοκιμασία για κάθε χορεύτρια. Το 1892 ήρθε η σειρά του *Καρυοθραύστη*, σε χορογραφίες του Ιβανόφ, ένα από τα γνωστότερα έργα του συνθέτη, στο οποίο αναμειγνύει ίχνη λαϊκής μουσικής με τη μεγάλη και αρμονική του φαντασία.

ΙΓΚΟΡ ΣΤΡΑΒΙΝΣΚΙ

Γεννήθηκε στο Οράνιενμπουργκ της Ρωσίας το 1882. Όταν ο Ντιαγκίλεφ άκουσε τα νεανικά του έργα, τον προσκάλεσε να συμμετάσχει στην ομάδα των Ρωσικών Μπαλέτων ως ενορχηστρωτή. Η πρώτη του παρτιτούρα για το μπαλέτο ήταν το *Πουλί της Φωτιάς* (1910), στο οποίο ήδη διαφάνηκε η καινοτομία της δουλειάς του. Με το έργο *Πετρούσκα* (1911) που ακολούθησε, καθιερώθηκε οριστικά. Αντίθετα, με την *Ιεροτελεστία της Άνοιξης* (1913) προκάλεσε τη βίαιη αντίδραση του κοινού, καθώς η μουσική του ερχόταν σε ρήξη με το παρελθόν· τολμηρές μελωδίες, παραφωνίες, επιβλητικός ρυθμός, σε συνδυασμό με νέες χορευτικές κινήσεις. Κατά τα μεταπολεμικά χρόνια, ο συνθέτης εγκατέλειψε τα ρωσικά χαρακτηριστικά και υιοθέτησε το νεοκλασικό ιδίωμα, γεγονός που φαίνεται στο μπαλέτο *Πουλτσινέλα* (1920) και φτάνει στο αποκορύφωμά του με τον *Απόλλωνα Μουσηγέτη*, ο οποίος παρουσιάστηκε στο Παρίσι το 1928 σε χορογραφία του Μπαλανσίν, χορογράφου των Ρωσικών Μπαλέτων, με τον οποίο ο Στραβίνσκι ξεκίνησε μια μακρά συνεργασία.

ΣΕΡΓΚΕΪ ΠΡΟΚΟΦΙΕΦ

Γεννήθηκε το 1891 στη Σοντσόφκα της Ουκρανίας. Αφού απέκτησε το δίπλωμά του από το ωδείο, ταξίδεψε στην Ευρώπη, όπου και ήρθε σε επαφή με τα Ρωσικά Μπαλέτα και τον Ντιαγκίλεφ. Μετά τη ρωσική επανάσταση, αυτοεξορίστηκε στην Ευρώπη και στις ΗΠΑ ως το 1933, οπότε και επέστρεψε οριστικά στην πατρίδα του. Με εντολή του Ντιαγκίλεφ, συνέθεσε αρκετά έργα και έδωσε πολύ επιτυχημένες συναυλίες. Οι υποδείξεις του σοβιετικού καθεστώτος κι ένα αυτοκινητικό ατύχημα, που του προκάλεσε σοβαρά προβλήματα στα χέρια, δεν τον εμπόδισαν να συνεχίσει να συνθέτει. Από την εποχή εκείνη διασώζονται δύο περίφημα μπαλέτα, το *Ρωμαίος και Ιουλιέτα* (1936), το οποίο του ζητήθηκε από το Θέατρο Κίροφ του Λένινγκραντ, και η *Σταχτοπούτα* (1944), στο οποίο η μουσική του, από την καινοτομία των αρχών, περνά στο ρεαλισμό και το ρομαντισμό.

Ιστορίες από το μπαλέτο

Το μπαλέτο είναι μια εντυπωσιακή τέχνη, που συνδυάζει χορό, μουσική, δράμα, ποίηση, σκηνογραφία και κοστούμια. Τα περισσότερα μπαλέτα είναι αφηγηματικά, δηλαδή αφηγούνται ιστορίες. Η ηθοποιία, η παντομίμα και οι μεγάλες ομαδικές σκηνές βοηθούν την εξέλιξη. Ορισμένα μπαλέτα δεν έχουν πλοκή, αλλά ένα σαφές θέμα ή ιδέα. Τα διάσημα κλασικά μπαλέτα –μεγάλες και περίπλοκες ιστορίες με πολυτελή σκηνικά και κοστούμια– αποτελούν κληρονομιά των περασμένων αιώνων· ακόμα και στις μέρες μας, συνιστούν ιδιαίτερα αγαπητό θέαμα και παίζονται σε όλα τα θέατρα του κόσμου.

Ο όρος «μπαλέτο», ωστόσο, χρησιμοποιήθηκε και για ένα χορευτικό θέαμα που δε βασίζεται μονάχα στο ακαδημαϊκό είδος –παρόλο που πάντα υπάρχουν βασικά βήματα, ποζισιόν, άλματα, στροφές και κινήσεις– και που μπορεί να εμπλουτιστεί από διάφορα στοιχεία, ανάλογα με το ταλέντο και τη δημιουργικότητα του χορογράφου.

ΖΙΖΕΛ (1841)

Ρομαντικό μπαλέτο – χορογραφία των Κοραλί και Περό, σε μουσική του Αντάμ (λιμπρέτο του Θεόφιλου Γκοτιέ)

Ο κόμης Άλμπρεχτ, μεταμφιεσμένος σε χωρικό, γοητεύει τη χωριατοπούλα Ζιζέλ. Όταν η κοπέλα ανακαλύπτει ότι ο Άλμπρεχτ είναι ήδη αρραβωνιασμένος, τρελαίνεται και αυτοκτονεί. Θάβεται στο δάσος, όπως όλοι οι αυτόχειρες, και κάθε βράδυ χορεύει μαζί με τις άλλες Βίλις –τα φαντάσματα των κοριτσιών που αγάπησαν το χορό και πέθαναν ανύμφευτες– και με τη βασίλισσά τους Μύρτα, η οποία εκδικείται τους άντρες που συναντά αναγκάζοντάς τους να χορεύουν μέχρι θανάτου. Όταν ο Άλμπρεχτ επισκέπτεται τον τάφο της Ζιζέλ, η Μύρτα τον διατάζει να χορέψει· τελικά όμως, με τη βοήθεια της αγαπημένης του, καταφέρνει να ξεπεράσει τη δοκιμασία.

Η ΛΙΜΝΗ ΤΩΝ ΚΥΚΝΩΝ (1895)

Αποθέωση του κλασικού μπαλέτου – χορογραφία των Πετιπά και Ιβανόφ, σε μουσική του Τσαϊκόφσκι

Ο πρίγκιπας Ζίγκφριντ πηγαίνει για κυνήγι με τους φίλους του και ένα βράδυ παρακολουθεί τη μεταμόρφωση ενός κύκνου σε μια πανέμορφη κοπέλα. Είναι η πριγκίπισσα Οντέτ, που του αποκαλύπτει το φοβερό μυστικό της· οι κύκνοι της λίμνης είναι στην πραγματικότητα κορίτσια που έπεσαν θύματα του μάγου Ρόθμπαρτ και τα οποία μόνο η αληθινή αγάπη μπορεί να σώσει. Ο Ρόθμπαρτ παραπλανά τον Ζίγκφριντ και τον οδηγεί να δώσει την υπόσχεσή του στην Οντίλ, την οποία έχει μεταμορφώσει σε Οντέτ, και να τη ζητήσει σε γάμο. Συνειδητοποιώντας την παγίδα και γεμάτος τύψεις, ο Ζίγκφριντ αγκαλιάζεται με την Οντέτ και πέφτει μαζί της στη λίμνη· ο θάνατος θα τους ενώσει για πάντα.

Η ΙΕΡΟΤΕΛΕΣΤΙΑ ΤΗΣ ΑΝΟΙΞΗΣ (1913)

Θεμελιώδες μπαλέτο για την εξέλιξη του χορού σε μια πιο σύγχρονη εκδοχή του – χορογραφία του Νιζίνσκι, σε μουσική του Στραβίνσκι

Ο Στραβίνσκι και ο Νιζίνσκι αντιμετώπισαν το έργο τους ως έναν ύμνο στην ιερή προέλευση του χορού και της μουσικής. Το μπαλέτο αναπαριστά μια πρωτόγονη τελετή γονιμότητας, που προβλέπει τη θυσία μιας κοπέλας ώστε να επανέλθει η νέα εποχή. Στην πρώτη εκτέλεσή του, το έργο αποτέλεσε σκάνδαλο τόσο για το θέμα όσο και για την καινοτομία της μουσικής του και την ερμηνεία των χορευτών. Στην πορεία διαφοροποιήθηκαν οι χορογραφίες και απομακρύνθηκε αρκετά από το αρχικό του πνεύμα, σημειώνοντας μεγάλη επιτυχία.

ΡΩΜΑΙΟΣ ΚΑΙ ΙΟΥΛΙΕΤΑ (1965)

Ένα από τα τελευταία «άνθη» του ακαδημαϊκού χορού – χορογραφία του Μακμίλαν, σε μουσική του Προκόφιεφ (βασισμένο στην τραγωδία του Σαίξπηρ)

Η τραγική ιστορία των δύο ερωτευμένων της Βερόνα μετατρέπεται σ' ένα συναρπαστικό μπαλέτο που αφηγείται όλα τα γεγονότα· τον αποκριάτικο χορό, τον έρωτα των δύο νέων, τη μυστική ένωση και, στο δεύτερο μέρος, το τραγικό τέλος τους, που τους κρατά ενωμένους για πάντα.

Η ΣΥΛΦΙΔΑ (1836)

Ρομαντικό μπαλέτο – χορογραφία του Μπουρνονβίλ, σε μουσική του Λέβενσκγιολ

Ο Τζέιμς, ένας χωρικός από τη Σκοτία, την παραμονή του γάμου του ερωτεύεται μια νεράιδα του δάσους, τη Συλφίδα, που καταφέρνει να τον απομακρύνει από τη γυναίκα του στη διάρκεια της γαμήλιας γιορτής. Για να κρατήσει για πάντα δική του τη Συλφίδα, ο Τζέιμς την τυλίγει με ένα μαντίλι που έχει φτιάξει η μάγισσα Ματζ. Καθώς όμως η μάγισσα έχει δηλητηριάσει το μαντίλι, μόλις την αγγίζει, η Συλφίδα χάνει τα φτερά της και πεθαίνει. Ο Τζέιμς χάνει τα λογικά του, ενώ η εγκαταλειμμένη γυναίκα του παντρεύεται κάποιον άλλο.

ΔΟΝ ΚΙΧΩΤΗΣ (1869)

Χορογραφία του Πετιπά, σε μουσική του Μίνκους (βασισμένο στη νουβέλα του Θερβάντες)

Ο Δον Κιχώτης αποφασίζει να ξεκινήσει για καινούριες περιπέτειες, επηρεασμένος από τα κατορθώματα των ιπποτών. Πηγαίνει, λοιπόν, στη Βαρκελώνη, όπου ερωτεύεται την Κίτρι, που είναι ήδη αρραβωνιασμένη, παρά τη θέλησή της, με τον πλούσιο Γκαμάτσε. Ο Δον Κιχώτης γίνεται γελοίος προκαλώντας τον σε μονομαχία, ενώ ο Μπαζίλιο, ο νέος με τον οποίο είναι ερωτευμένη η κοπέλα, κατορθώνει να την παντρευτεί χρησιμοποιώντας τεχνάσματα. Έπειτα από ένα έξοχο πα ντε ντε του ζευγαριού, ο Δον Κιχώτης ξεκινά για νέες περιπέτειες.

ΚΟΠΕΛΙΑ (1870)

Χορογραφία του Σεν Λεόν, σε μουσική του Ντελίμπ (βασισμένο στο παραμύθι του Χόφμαν)

Ο παιχνιδοπώλης Κοπέλιους εκθέτει την πανέμορφη μηχανική κούκλα που έχει κατασκευάσει και ο Φραντς, πιστεύοντας ότι πρόκειται για αληθινή κοπέλα, την ερωτεύεται. Η Σουανίλντα, η αρραβωνιαστικιά του Φραντς, μπαίνει κρυφά στο μαγαζί με τα παιχνίδια και ανακαλύπτει ότι η Κοπέλια είναι κούκλα. Όταν επιστρέφει ο Κοπέλιους, η Σουανίλντα κρύβεται και μεταμφιέζεται σε Κοπέλια. Μόλις ο Φραντς μπαίνει στο μαγαζί, ο Κοπέλιους τον αρπάζει και προσπαθεί να χρησιμοποιήσει την ενέργειά του για να ζωντανέψει την κούκλα. Η Σουανίλντα προσποιείται την Κοπέλια και αρχίζει να χορεύει, θέτοντας σε λειτουργία όλα τα παιχνίδια. Τελικά το σκάει με τον αγαπημένο της και αφήνει τον Κοπέλιους απογοητευμένο. Στη διάρκεια της γιορτής του χωριού, η Σουανίλντα συμφιλιώνεται με τον Φραντς και ζητάει συγγνώμη από τον παιχνιδοπώλη.

ΣΥΛΒΙΑ (1876)

Χορογραφία του Μεράντ, σε μουσική του Ντελίμπ (βασισμένο στο βουκολικό δράμα *Αμύντας* του Τορκουάτο Τάσο)

Η ιστορία μιλά για την αγάπη του βοσκού Αμύντα και του κυνηγού Ωρίωνα για τη Σύλβια, μια νύμφη αφοσιωμένη στην Αφροδίτη που, λόγω της πίστης της στη θεά, περιφρονεί την αγάπη κάθε άντρα. Η δραματική ανατροπή συμβαίνει με την παρέμβαση του Έρωτα, που φροντίζει ώστε η νύμφη να συγκινηθεί από την προσέγγιση του Αμύντα. Η θεά Αφροδίτη όμως θα δώσει τη συγχώρεση και την ευλογία της έπειτα από πολλές δοκιμασίες και βάσανα, και μόνο τότε οι δύο ερωτευμένοι θα μπορέσουν επιτέλους να παντρευτούν.

ΜΠΑΓΙΑΝΤΕΡΑ (1877)

Χορογραφία του Πετιπά, σε μουσική του Μίνκους

Ο Ινδός πολεμιστής Σολόρ και η Νικία, μία από τις χορεύτριες του ναού (μπαγιαντέρα), είναι ερωτευμένοι, αλλά ο Μεγάλος Βραχμάνος θέλει την κοπέλα για τον εαυτό του. Ο Σολόρ αρραβωνιάζεται, λοιπόν, την Γκαμζάτι, κόρη του μαχαραγιά, η οποία, ζηλεύοντας τη Νικία, την υποχρεώνει να χορέψει στη γιορτή της και επιχειρεί να τη σκοτώσει. Η Νικία μπορεί να σωθεί αρκεί να δοθεί στο Βραχμάνο, αλλά προτιμά να πεθάνει. Ο Σολόρ, υπό την επήρεια του οπίου, ονειρεύεται την μπαγιαντέρα του στο βασίλειο των σκιών. Στη διάρκεια του γάμου του Σολόρ και της Γκαμζάτι, ένας κεραυνός χτυπά το ναό· ο Σολόρ και η Νικία ενώνονται, αλλά αυτή τη φορά για πάντα.

Η ΩΡΑΙΑ ΚΟΙΜΩΜΕΝΗ (1890)

Χορογραφία του Πετιπά, σε μουσική του Τσαϊκόφσκι (βασισμένο στο γνωστό παραμύθι του Περό)

Στη βάφτιση της πριγκίπισσας Αουρόρα είναι καλεσμένες όλες οι μοίρες εκτός από την κακιά Καραμπός, που διακόπτει τη γιορτή και ρίχνει μια κατάρα· η Αουρόρα θα πεθάνει σε ηλικία δεκαέξι ετών από το τρύπημα ενός αδραχτιού. Στα δέκατα έκτα γενέθλιά της, η κοπέλα πράγματι τρυπάει το δάχτυλό της και καταρρέει. Χάρη στη Λιλά Νεράιδα όμως, η Αουρόρα δεν πεθαίνει, αλλά βυθίζεται για πολλά χρόνια σε ένα βαθύ ύπνο, και μόνο το φιλί ενός πρίγκιπα θα μπορέσει να την ξυπνήσει. Έπειτα από εκατό χρόνια, εμφανίζεται στο δάσος ένας μοναχικός πρίγκιπας και η νεράιδα τον οδηγεί στο κάστρο. Το φιλί του ξυπνάει την πριγκίπισσα. Στο γάμο τους συμμετέχουν και πρόσωπα από άλλα παραμύθια.

ΚΑΡΥΟΘΡΑΥΣΤΗΣ (1892)

Χορογραφία του Ιβανόφ, σε μουσική του Τσαϊκόφσκι (βασισμένο στο παραμύθι του Χόφμαν)

Είναι Χριστούγεννα κι ένας παράξενος επισκέπτης δωρίζει στην Κλάρα έναν καρυοθραύστη σε σχήμα στρατιώτη. Η Κλάρα ξυπνά μες στη νύχτα και παρακολουθεί ένα απίστευτο θέαμα· το χριστουγεννιάτικο δέντρο αρχίζει να μεγαλώνει και τα στρατιωτάκια μάχονται στο πλευρό του εναντίον τεράστιων ποντικιών. Η Κλάρα νικά το βασιλιά των ποντικιών και ο Καρυοθραύστης, που έχει μεταμορφωθεί σε πρίγκιπα, την οδηγεί σ' ένα μαγικό κόσμο· στη Χώρα του Χιονιού και στην Καραμελοχώρα, όπου η Κλάρα χορεύει ευτυχισμένη. Ξαφνικά όλα χάνονται· το κορίτσι βρίσκεται στο σπίτι με τα παιχνίδια του στα χέρια και αναρωτιέται αν όλα αυτά ήταν ένα όνειρο.

ΡΑΪΜΟΝΤΑ (1898)

Χορογραφία του Πετιπά, σε μουσική του Γκλαζουνόφ

Την ημέρα των γενεθλίων της, η Ραϊμόντα περιμένει τον ιππότη αρραβωνιαστικό της Ζαν ντε Μπριέν. Καθώς όμως εκείνος δεν μπορεί να πάει, στέλνει δώρο ένα πορτρέτο του. Ξαφνικά, εμφανίζεται στο κάστρο ένας άλλος επίδοξος μνηστήρας, ο Αμπντεραχμάν, άγριος Σαρακηνός πολεμιστής. Το βράδυ η Ραϊμόντα ονειρεύεται τον Ζαν, που βγαίνει από το κάδρο και χορεύει μαζί της, αλλά όταν ξυπνά βλέπει μπροστά της τον Αμπντεραχμάν, ο οποίος της ζητά να χορέψουν, προσπαθώντας να την απαγάγει με τη βοήθεια των συντρόφων του. Εκείνη τη στιγμή όμως καταφτάνει ο Ζαν, που νικά σε μονομαχία τον Αμπντεραχμάν, σώζει τη Ραϊμόντα και ξεκινά τη γιορτή για το γάμο τους.

ΠΕΤΡΟΥΣΚΑ (1911)

Χορογραφία του Φοκίν, σε μουσική του Στραβίνσκι

Στο θέατρο μαριονέτας της Αγίας Πετρούπολης, δίνεται μια παράσταση με ήρωα τον Πετρούσκα, ο οποίος αγαπά την μπαλαρίνα παρ' ότι εκείνη είναι ερωτευμένη με ένα Μαυριτανό. Μόλις πέφτει η αυλαία, οι τρεις μαριονέτες ζωντανεύουν και η ιστορία συνεχίζεται· ο Πετρούσκα βρίσκει το θάρρος να αντιμετωπίσει τον επικίνδυνο Μαυριτανό, που είναι οπλισμένος με ένα τρομερό γιαταγάνι. Ο καβγάς οδηγεί τις κούκλες έξω από το θέατρο, όπου το πλήθος μένει με το στόμα ανοιχτό μπροστά στο θέαμα της μονομαχίας και της δολοφονίας, τελικά, του Πετρούσκα. Ο μαριονετίστας καθησυχάζει το τρομαγμένο πλήθος και αποσύρεται, αλλά στο τέλος πεθαίνει τρομοκρατημένος από το φάντασμα του Πετρούσκα.

ΤΟ ΠΝΕΥΜΑ ΤΟΥ ΡΟΔΟΥ (1911)

Χορογραφία του Φοκίν, σε μουσική του Βέμπερ

Μια κοπέλα επιστρέφει από ένα χορό. Γυρίζοντας στο σπίτι, αποκοιμιέται σε μια καρέκλα μ' ένα τριαντάφυλλο ανάμεσα στα χέρια της. Ξαφνικά, βλέπει στον ύπνο της το φάντασμα του ρόδου να μπαίνει από το παράθυρο και να την οδηγεί σ' ένα μαγικό χορό, ώσπου εξαφανίζεται.
Στο σημείο αυτό η κοπέλα ξυπνά και μαζεύει μαγεμένη το τριαντάφυλλο που είχε πέσει κάτω.

ΤΟ ΑΠΟΓΕΥΜΑ ΕΝΟΣ ΦΑΥΝΟΥ (1912)

Χορογραφία του Νιζίνσκι, σε μουσική του Ντεμπισί (βασισμένο στο ποίημα του Μαλαρμέ)

Ένα καλοκαιρινό απόγευμα, ένας φαύνος διψασμένος για έρωτα παίζει το φλάουτό του και χορεύει. Στο πέρασμα μιας ομάδας νυμφών, ο φαύνος ενθουσιάζεται και τις ακολουθεί, χορεύοντας μαζί τους, ώσπου κατορθώνει να φτάσει μία. Πιάνοντας το πέπλο της νύμφης που έχει πέσει, ο φαύνος το φιλάει και συμπεριφέρεται σαν να του ανήκει. Η πρώτη παράσταση της όπερας προκάλεσε σκάνδαλο λόγω του ιδιαίτερα ερωτικού περιεχομένου της.

ΑΠΟΛΛΩΝ ΜΟΥΣΗΓΕΤΗΣ (1928)

Χορογραφία του Μπαλανσίν, σε μουσική του Στραβίνσκι

Το μπαλέτο αυτό βασίζεται στον ελληνικό μύθο του θεού Απόλλωνα, πατέρα των Μουσών. Ο Απόλλωνας εμφανίζεται εδώ ως ηγέτης τριών θεοτήτων· της Καλλιόπης, της μούσας της ποίησης, της Πολύμνιας, μούσας της μιμικής, και της Τερψιχόρης, μούσας του χορού, που είναι και η αγαπημένη του.
Ο χορός του θεού ολοκληρώνεται με την ανάβασή του στον Όλυμπο, όπου, σύμφωνα με το μύθο, κατοικεί ο Δίας, πατέρας όλων των θεών.

ΣΤΑΧΤΟΠΟΥΤΑ (1948)

Χορογραφία του Άστον, σε μουσική του Προκόφιεφ (βασισμένο στο γνωστό παραμύθι του Περό)

Οι δύο άσχημες ετεροθαλείς αδελφές της Σταχτοπούτας –άντρες μεταμφιεσμένοι σε γυναίκες στη χορογραφία– την αντιμετωπίζουν ως υπηρέτρια. Όταν ο πρίγκιπας καλεί στο χορό του παλατιού όλα τα κορίτσια του βασιλείου, εκείνες της απαγορεύουν να πάει. Ξαφνικά εμφανίζεται η νεράιδα νονά της, που με τα μάγια της θα οδηγήσει τη Σταχτοπούτα στο χορό. Ο πρίγκιπας χορεύει μαζί της μέχρι τα μεσάνυχτα, αλλά η κοπέλα, φεύγοντας από το παλάτι, χάνει ένα από τα γυάλινα γοβάκια της. Ο πρίγκιπας την ψάχνει απεγνωσμένα και, όταν βρίσκει ότι το γοβάκι ταιριάζει στο πόδι της, την παντρεύεται.

ΚΑΡΜΕΝ (1949)

Χορογραφία του Πετί, σε μουσική του Μπιζέ

Το μπαλέτο βασίζεται είτε στη νουβέλα του Μεριμέ είτε στην όπερα του Μπιζέ, που είχε ήδη παρουσιαστεί. Η ιστορία πάθους και παραπλάνησης συμπυκνώνεται σε πέντε σκηνές. Ο Δον Χοσέ ερωτεύεται την τσιγγάνα Κάρμεν και ανάμεσά τους δημιουργείται μια θυελλώδης σχέση. Η Κάρμεν τον πείθει να κάνει ένα έγκλημα μαζί μ' εκείνη και τους συνεργούς της. Ο Χοσέ υποχρεώνεται να δολοφονήσει έναν πλούσιο άντρα, αλλά στη συνέχεια η Κάρμεν τον εγκαταλείπει για τον ταυρομάχο Εσκαμίλιο. Ο Χοσέ, τρελός από ζήλια, τη σκοτώνει.

Η ΚΑΚΟΦΥΛΑΓΜΕΝΗ ΚΟΡΗ (1960)

Χορογραφία του Άστον, σε μουσική του Ερόλ

Βασίζεται σ' ένα προηγούμενο μπαλέτο του Ντομπερβάλ, που παρουσιάστηκε πρώτη φορά το 1786, και μιλά για τις μάταιες προσπάθειες της χήρας Σιμόν –την οποία υποδύεται ένας άντρας– να παντρέψει την κόρη της Λιζ με τον πλούσιο Αλέν αντί για το φτωχό αγρότη Κολά, με τον οποίο είναι ερωτευμένη η κοπέλα. Μετά τη γιορτή για τη συγκομιδή, που είναι γεμάτη λαϊκούς χορούς αλλά σημαδεύεται από μια ξαφνική καταιγίδα, η Σιμόν θα υποκύψει στη θέληση της κόρης της.

ΜΑΝΟΝ (1974)

Χορογραφία του Μακμίλαν, σε μουσική του Μασνέ (επιλογή της Γκάουντ) και ενορχήστρωση του Λούκας

Η πλοκή του μπαλέτου περιγράφει τη δραματική σχέση ανάμεσα στη γοητευτική Μανόν και στον ιππότη Ντε Γκριέ, όπως τη διηγήθηκε στο μυθιστόρημά του ο αβάς Πρεβό ντ' Εξίλ. Η Μανόν έχει σχέση με τον Ντε Γκριέ, αλλά τον προδίδει για έναν ισχυρό άντρα που, προσβεβλημένος από την επανασύνδεση του ζευγαριού, στέλνει την κοπέλα στη Λουιζιάνα.

Η Μανόν πεθαίνει στην αγκαλιά του Ντε Γκριέ, που έχει πάει στην Αμερική για να τη σώσει.

Τα αστέρια του χορού

Η ιστορία του χορού είναι γεμάτη από χορευτές και χορεύτριες που έχουν γίνει μύθοι χάρη στο ιδιαίτερο ταλέντο και στη δεξιοτεχνία τους, κερδίζοντας το στοίχημα που έχουν βάλει με τον εαυτό τους, αλλά και κατακτώντας το παγκόσμιο κοινό.

Η πρώτη μπαλαρίνα που ξεχώρισε και καθιερώθηκε στο είδος της ήταν η Μαρί-Αν ντε Κιπίς ντε Καμαργκό (1710-1770), η οποία έκανε το ντεμπούτο της σε ηλικία 15 ετών και θριάμβευσε στην Όπερα του Παρισιού. Την ακολούθησαν η Μαρία Ταλιόνι –πρώτη ερμηνεύτρια της Συλφίδας– και η Καρλότα Γκρίζι –πρώτη ερμηνεύτρια της Ζιζέλ– την εποχή του ρομαντικού μπαλέτου, και οι Άννα Πάβλοβα και Μπρονισλάβα Νιζίνσκα, αστέρια των Ρωσικών Μπαλέτων μαζί με το σπουδαίο Βασλάφ Νιζίνσκι, στις αρχές του 20ού αιώνα.

ΡΟΥΝΤΟΛΦ ΝΟΥΡΕΓΙΕΦ

Γεννήθηκε το 1938. Σε ηλικία 17 ετών, πήγε στη Σχολή Μπαλέτου του Λένινγκραντ και με την αποφοίτησή του έγινε σολίστ στα Μπαλέτα Κίροφ. Το 1962 συνεργάστηκε με το Βασιλικό Μπαλέτο του Λονδίνου, όπου γεννήθηκε το περίφημο ζευγάρι Νουρέγιεφ-Φοντέιν· το κοινό τούς λάτρευε και οι χορογράφοι αναζητούσαν διαρκώς νέους ρόλους γι' αυτούς. Στη δεκαετία του '70 χόρεψε με την Κάρολιν Κάρλσον και στη συνέχεια ερμήνευσε έργα της Μάρθα Γκράχαμ. Ταυτόχρονα, δραστηριοποιήθηκε ως χορογράφος, δημιουργώντας παραλλαγές κλασικών έργων. Το 1983 διορίστηκε καλλιτεχνικός διευθυντής του Μπαλέτου της Όπερας του Παρισιού. Πέθανε το 1993.

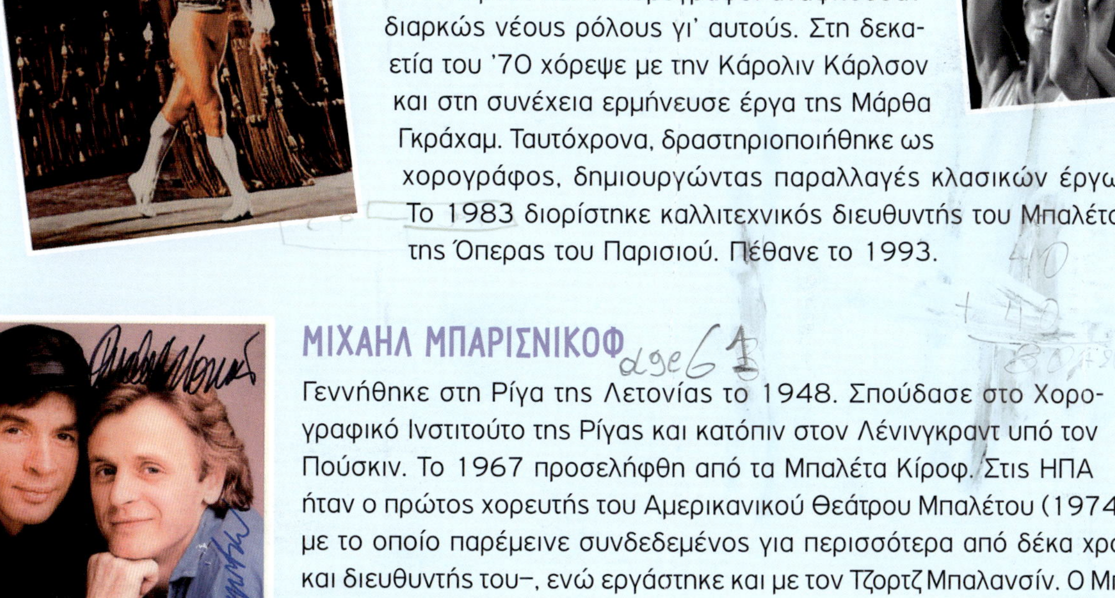

ΜΙΧΑΗΛ ΜΠΑΡΙΣΝΙΚΟΦ

Γεννήθηκε στη Ρίγα της Λετονίας το 1948. Σπούδασε στο Χορογραφικό Ινστιτούτο της Ρίγας και κατόπιν στον Λένινγκραντ υπό τον Πούσκιν. Το 1967 προσελήφθη από τα Μπαλέτα Κίροφ. Στις ΗΠΑ ήταν ο πρώτος χορευτής του Αμερικανικού Θεάτρου Μπαλέτου (1974-1979), με το οποίο παρέμεινε συνδεδεμένος για περισσότερα από δέκα χρόνια –το 1980 έγινε και διευθυντής του–, ενώ εργάστηκε και με τον Τζορτζ Μπαλανσίν. Ο Μπαρίσνικοφ είναι επίσης γνωστός για την καριέρα του στην υποκριτική, όπου σημείωσε μεγάλη επιτυχία ήδη από την πρώτη του εμφάνιση στην *Κρίσιμη Καμπή* (1977), ταινία που του εξασφάλισε υποψηφιότητα για Όσκαρ.

ΡΟΜΠΕΡΤΟ ΜΠΟΛΕ

Γεννήθηκε το 1975 στο Καζάλε Μονφεράτο και ξεκίνησε την καριέρα του από τη Σχολή Μπαλέτου της Σκάλας του Μιλάνου, όπου τον εντόπισε ο Νουρέγιεφ και του πρότεινε ένα βασικό ρόλο. Το 1996 πήρε τη θέση του πρώτου χορευτή από τη διευθύντρια της Σκάλας, Ελιζαμπέτα Τεράμπουστ. Από τότε έχει ερμηνεύσει τους σπουδαιότερους ρόλους του κλασικού μπαλέτου αλλά και του σύγχρονου ρεπερτορίου, με τις πιο γνωστές ομάδες του κόσμου. Το Δεκέμβριο του 1998 ανακηρύχθηκε Μόνιμος Προσκεκλημένος Καλλιτέχνης του Θεάτρου της Σκάλας και από το 2004 αποτελεί ετουάλ του Θεάτρου. Το 2002 χόρεψε στα Ανάκτορα του Μπάκιγχαμ για τη βασίλισσα Ελισάβετ και στη συνέχεια εμφανίστηκε στο Θέατρο Μπολσόι, με παρτενέρ την Αλεσάντρα Φέρι στο *Ρωμαίος και Ιουλιέτα* του Μακμίλαν. Του έχουν απονεμηθεί αρκετά βραβεία, ενώ από το 1999 είναι Πρέσβης Καλής Θελήσεως της UNICEF.

ΜΑΡΘΑ ΓΚΡΑΧΑΜ

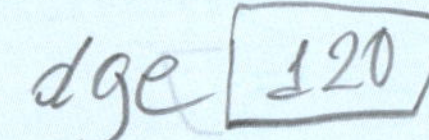

Γεννήθηκε στο Πίτσμπουργκ το 1894, αλλά ξεκίνησε την καριέρα της στην Καλιφόρνια, με τη χορευτική ομάδα Ντένισον, όπου και ήρθε σε επαφή με όλα τα είδη χορού, που της άνοιξαν νέους ορίζοντες. Στη μακρά σταδιοδρομία της –αποσύρθηκε από τη σκηνή το 1970–, χορογράφησε και παρουσίασε μια σειρά έργων, από χορευτικά σόλο μέχρι μεγάλα χοροδράματα. Δίνοντας έμφαση στις κινήσεις που εξέφραζαν την ψυχική κατάσταση του χορευτή, η Γκράχαμ δημιούργησε μια δική της τεχνική, που βασιζόταν στην εξερεύνηση του εσωτερικού κόσμου του ανθρώπου. Υπήρξε η κυριότερη φυσιογνωμία του αμερικανικού μοντέρνου χορού, ενώ δίδαξε και καθοδήγησε γενιές καθηγητών, χορευτών και χορογράφων.

ΡΟΖΕΛΑ ΧΑΪΤΑΟΥΕΡ

Γεννήθηκε σε μια μικρή πόλη της Οκλαχόμα το 1920 και ήταν μία από τις διασημότερες χορεύτριες όλων των εποχών. Όταν ήταν ήδη στην εφηβεία, ο Ρώσος χορογράφος και χορευτής Μασίν την επέλεξε για τα Ρωσικά Μπαλέτα. Συνέχισε την καριέρα της ως σολίστ, ώσπου της πρόσφεραν τη θέση της ετουάλ στη Μετροπόλιταν Όπερα της Νέας Υόρκης. Εντυπωσίασε με το ταλέντο της, όπως και στην πρώτη εμφάνισή της στο Παρίσι το 1947· αριστοτεχνικός και δυναμικός, ο χορός της ήταν γεμάτος πάθος και ειρωνεία. Η Χαϊτάουερ χόρεψε στα μεγαλύτερα θέατρα στο πλευρό διάσημων χορευτών και εργάστηκε ως επικεφαλής της ομάδας των νέων Ρωσικών Μπαλέτων του Μόντε Κάρλο. Το 1961 ίδρυσε το Διεθνές Κέντρο Χορού στις Κάννες, φέρνοντας επανάσταση στη διδασκαλία του χορού.

ΜΑΡΓΚΟΤ ΦΟΝΤΕΪΝ

Η Αγγλίδα χορεύτρια (1919-1991) ανέπτυξε μια λαμπρή σταδιοδρομία και υπήρξε πρότυπο στυλιστικής καθαρότητας. Το όνομά της παραμένει συνδεδεμένο με την αιθέρια ερμηνεία της γυναίκας-κύκνου και την αριστοκρατική αύρα που έδινε στο μπαλέτο. Συνεργάστηκε με το μεγάλο χορογράφο Φρέντερικ Άστον και από το 1959 ήταν πρίμα μπαλαρίνα του Βασιλικού Μπαλέτου, ενώ υπήρξε έξοχη παρτενέρ του Νουρέγιεφ. Διετέλεσε πρόεδρος της Βασιλικής Ακαδημίας Χορού και τιμήθηκε με τον τίτλο Dame του Τάγματος της Βρετανικής Αυτοκρατορίας.

ΠΙΝΑ ΜΠΑΟΥΣ

Γεννήθηκε στο Ζόλινγκεν της Γερμανίας το 1940 και σπούδασε στη σχολή του Κουρτ Γιόος. Το 1958 κέρδισε μια υποτροφία στη Σχολή Τζούλιαρντ της Νέας Υόρκης. Χόρεψε σόλο για τις σπουδαιότερες χορευτικές ομάδες της Αμερικής. Το 1962 επέστρεψε στη Γερμανία, ως σολίστ του Μπαλέτου Φόλκβανγκ, του οποίου έγινε και καλλιτεχνική διευθύντρια, και το 1973 έγινε διευθύντρια μπαλέτου στην Όπερα του Βούπερταλ – σήμερα Χοροθέατρο Πίνα Μπάους. Το 2004 της απονεμήθηκε το Μετάλλιο Νιζίνσκι και το 2008 το Βραβείο Γκαίτε.

ΚΑΡΛΑ ΦΡΑΤΣΙ

Γεννήθηκε στο Μιλάνο στις 20 Αυγούστου 1936 και ήδη από το 1958 ήταν πρίμα μπαλαρίνα στη Σκάλα. Εκείνη την εποχή χόρευε στην Ιταλία και στο εξωτερικό με τους σπουδαιότερους παρτενέρ, από τον Νουρέγιεφ ως τον Μπαρίσνικοφ. Είναι αναμφίβολα η Ιταλίδα βασίλισσα του κλασικού χορού, αλλά υπήρξε και σπουδαία κινηματογραφική ηθοποιός. Οι πολυάριθμες ερμηνείες της σε κλασικά και σύγχρονα μπαλέτα είναι υψηλής καλλιτεχνικής αξίας. Διηύθυνε τα μπαλέτα ορισμένων από τα μεγαλύτερα θέατρα της Ιταλίας, και η καλλιτεχνική διάρκειά της θεωρείται μυθική.

ΑΛΕΣΑΝΤΡΑ ΦΕΡΙ

Γεννήθηκε στο Μιλάνο το 1963. Σπούδασε στη Σκάλα, την οποία εγκατέλειψε σε ηλικία μόλις 15 ετών, όταν τα Βασιλικά Μπαλέτα του Λονδίνου της πρόσφεραν μια θέση στο δυναμικό τους. Ερμήνευσε έτσι, σε πολύ μικρή ηλικία, τους βασικότερους ρόλους του ρομαντικού μπαλέτου. Το 1985 επέστρεψε στο Μιλάνο, έπειτα από πρόταση του Τζεφιρέλι να παίξει στη *Λίμνη των Κύκνων*. Παρακολουθώντας την, ο Μπαρίσνικοφ της πρότεινε αμέσως μια θέση στο Αμερικανικό Μπαλέτο. Το 1992, η Φέρι έγινε ετουάλ του Θεάτρου της Σκάλας, αλλά αυτό δεν την εμπόδισε να συνεχίσει να χορεύει στα μεγαλύτερα θέατρα του κόσμου. Η χάρη και η εκφραστικότητά της υπήρξαν απαράμιλλες, ταυτόχρονα όμως είναι και μία από τις λίγες –τολμηρές– χορεύτριες που θέλησαν να βιώσουν δύο φορές τη μητρότητα.

ΠΟΛΙΝΑ ΣΕΜΙΟΝΟΒΑ

Γεννήθηκε στη Μόσχα το 1984. Μετά την απόκτηση του διπλώματός της στην Ακαδημία της Μόσχας, το 2002, σε ηλικία μόλις 18 ετών, έγινε πρίμα μπαλαρίνα στα Μπαλέτα της Όπερας του Βερολίνου. Ως προσκεκλημένη καλλιτέχνιδα έχει χορέψει με πολλά μπαλέτα, μεταξύ άλλων με την Εθνική Όπερα του Παρισιού και τα Μπολσόι, και έχει καταξιωθεί σε σημαντικούς ρόλους του κλασικού μπαλέτου, κερδίζοντας σπουδαία βραβεία για τις ερμηνείες της. Τον Ιούνιο του 2006 ανέβηκε για πρώτη φορά σε ιταλική σκηνή στο ρόλο της Οντέτ στη *Λίμνη των Κύκνων*, με παρτενέρ τον Ρομπέρτο Μπολέ.

Σήμερα είναι προσκεκλημένη καλλιτέχνιδα σε πολλά θέατρα του κόσμου και χορεύει στο Θέατρο του Βερολίνου υπό τη διεύθυνση του Βλαντιμίρ Μαλάχοφ.

Το θέατρο

Ο χορός οφείλει μέρος της γοητείας του στο χώρο όπου παρουσιάζεται· τίποτα δεν είναι πιο συναρπαστικό για ένα χορευτή από το να ανεβαίνει στη σκηνή ενός θεάτρου.

Ο τύπος κτιρίου που κυριαρχεί στα θέατρα της Ευρώπης εμφανίστηκε στην Ιταλία το 17ο αιώνα, όταν, από τις διάφορες αρχιτεκτονικές εμπειρίες του παρελθόντος, προέκυψε και καθιερώθηκε η κλασική μορφή του θεάτρου, σε ρυθμό μπαρόκ.

Μέχρι το 19ο αιώνα, τα θέατρα ήταν σκοτεινοί χώροι, που φωτίζονταν μονάχα στο προσκήνιο και κοντά στη σκηνή από μια σειρά κεριών ή λάμπες· ήταν δύσκολο για τους θεατές να παρακολουθήσουν τους καλλιτέχνες εκτός της φωτισμένης περιοχής, αλλά και για τους χορευτές να χορεύουν σε τόσο περιορισμένο χώρο.

Η τελειοποίηση του ηλεκτρικού φωτισμού, η επιστημονική του χρήση και ο έλεγχος επηρέασαν το σχεδιασμό του σύγχρονου θεάτρου περισσότερο από οποιαδήποτε άλλη εφεύρεση.

Τα μέρη από τα οποία αποτελείται η λεγόμενη ιταλική σκηνή είναι:

(1) Αίθουσα σε **σχήμα πετάλου**

(2) Πέντε οριζόντιες σειρές **θεωρείων** (εξώστες για τους θεατές) κατά μήκος της περιμέτρου της

(3) Η **πλατεία** (χώρος για το κοινό) καταλαμβάνει όλο τον εσωτερικό χώρο μπροστά από τη σκηνή, με κατηφορική συνήθως κλίση προς αυτήν.

(4) Η θέση της **ορχήστρας** (χώρος για την εκτέλεση των μουσικών κομματιών της παράστασης), συνήθως μπροστά και κάτω από τη σκηνή, στο χαμηλότερο σημείο της πλατείας, για να μην εμποδίζει τους θεατές.

(5) Το υπερυψωμένο **παλκοσένικο** (το υψηλότερο σημείο της σκηνής) και

(6) η **αψίδα** του προσκηνίου (γέφυρα ανάμεσα στις δύο πλευρές του θεωρείου που βλέπουν προς το προσκήνιο) μοιράζουν το χώρο ανάμεσα στους καλλιτέχνες και τους θεατές, δημιουργώντας το λεγόμενο προσκήνιο.

(7) Η **σκηνή** (ο χώρος όπου δίνονται οι παραστάσεις) και το **παρασκήνιο** (ο χώρος πίσω και δίπλα από τα σκηνικά, όπου βρίσκονται τα καμαρίνια, τα μηχανήματα και ο εξοπλισμός)

Η **οροφή** της σκηνής αποτελείται από ένα διευρυμένο μηχανικό σύστημα πολλα-

πλών χρήσεων, που αφορά κυρίως το φωτισμό και τα εφέ του φωτισμού.

Η **αυλαία**, που κάποτε ήταν φτιαγμένη από έγχρωμο ύφασμα, σήμερα κατασκευάζεται από διάφορα υλικά και ανοίγει με πολλούς τρόπους. Τα πλαίσια δεξιά κι αριστερά της σκηνής, που περιορίζουν οπτικά το χώρο και αποτελούν εισόδους και εξόδους των καλλιτεχνών στη σκηνή, λέγονται **κουίντες**. Τέλος, το **σκηνικό** προσδιορίζει το χώρο, το χρόνο και τις κοινωνικές συνθήκες στις οποίες διαδραματίζεται το έργο – αν και στο χορό, κυρίως στο μοντέρνο, το σκηνικό καταργείται, καθώς η χορογραφία «μιλάει» μέσα από τις κινήσεις.

Κατά τα διαλείμματα των παραστάσεων, το κοινό συγκεντρώνεται στο **φουαγιέ**, που χρησιμεύει ως κυλικείο.

Σημαντικό στοιχείο μιας παράστασης και όπλο του σκηνοθέτη αποτελεί ο **φωτισμός**· από το άπλετο φως που διαχέεται στη σκηνή, μπορούμε να περάσουμε στο σκοτάδι και στο φωτισμό ενός καλλιτέχνη –με προβολέα–, μιας ομάδας ή ενός μέρους της σκηνής, τραβώντας αυτόματα την προσοχή του θεατή σε κάτι συγκεκριμένο. Το φως των προβολέων μπορεί να αλλάζει χρώματα, ώστε να δημιουργήσει ατμόσφαιρα και να περάσει διάφορους ψυχολογικούς και άλλους συμβολισμούς. Με το φως μπορούν επίσης να δημιουργηθούν **ειδικά εφέ**, προβάλλοντας σταθερές ή κινούμενες εικόνες στο βάθος και στα πλάγια της σκηνής.

Όπερα Γκαρνιέ του Παρισιού

Ανάμεσα στα πανέμορφα ευρωπαϊκά θέατρα ξεχωρίζουμε στη διπλανή σελίδα εκείνα που αξίζουν τον τίτλο των ναών του χορού. Πρόκειται για κτίρια που έχουν σπουδαία παράδοση, που προβάλλουν σημαντικά έργα –όπερες, κονσέρτα, θεατρικές παραστάσεις και μπαλέτα– και που φιλοξενούν στο εσωτερικό τους τις μεγαλύτερες σχολές και ομάδες χορού.

ΘΕΑΤΡΟ ΤΗΣ ΣΚΑΛΑΣ ΤΟΥ ΜΙΛΑΝΟΥ

Το Θέατρο της Σκάλας του Μιλάνου έχει πάρει το όνομά του από την πλατεία στην οποία βρίσκεται, την Πιάτσα ντε λα Σκάλα, που με τη σειρά της ονομάστηκε έτσι χάρη στην εκκλησία Σάντα Μαρία αλά Σκάλα, η οποία κατεδαφίστηκε για να χτιστεί σε μεγαλύτερο χώρο το θέατρο. Η αυτοκράτειρα Μαρία Τερέζα της Αυστρίας ανέθεσε την κατασκευή στο σπουδαίο αρχιτέκτονα Τζουζέπε Πιερμαρίνι. Το θέατρο εγκαινιάστηκε το 1778 και από τότε ανακαινίστηκε πολλές φορές. Είναι αναμφίβολα το πιο γνωστό ιταλικό θέατρο και αποτελεί έδρα της περίφημης ομώνυμης σχολής και ομάδας χορού.

ΜΠΟΛΣΟΪ

Το σημερινό κτίριο του Κρατικού Ακαδημαϊκού Θεάτρου Μπολσόι της Μόσχας χτίστηκε το 1825 σε σχέδια του Όσιπ Μπόβε. Ο προκάτοχός του (Θέατρο Πετρόφσκι) ιδρύθηκε το 1776 και καταστράφηκε σε μια πυρκαγιά το 1805, αλλά ήδη από την ίδρυσή του φιλοξενούσε τη σχολή χορού του ορφανοτροφείου της Μόσχας – επίσημα γνωστή από το 1961 ως Ακαδημαϊκή Σχολή Χορογραφίας της Μόσχας. Όταν η Μόσχα έγινε πρωτεύουσα (1918), το Μπολσόι έγινε το πρώτο θέατρο της Σοβιετικής Ένωσης. Μεγάλο μέρος της ιστορίας του συνδέεται με το μπαλέτο και τα έργα σπουδαίων συνθετών, όπως ο Τσαϊκόφσκι και ο Προκόφιεφ.

ΟΠΕΡΑ ΤΟΥ ΠΑΡΙΣΙΟΥ

Το σημερινό θέατρο της Όπερας, έργο του αρχιτέκτονα Σαρλ Γκαρνιέ, εγκαινιάστηκε τον Ιανουάριο του 1875. Το θέατρο είναι η έδρα της Σχολής Χορού της Όπερας του Παρισιού. Η σχολή, με τα τριακόσια χρόνια ιστορίας της –ιδρύθηκε το 1713 από τον Λουδοβίκο ΙΔ΄–, είναι η αρχαιότερη του κόσμου.

ΚΟΒΕΝΤ ΓΚΑΡΝΤΕΝ

Το μέγαρο της Βασιλικής Όπερας αναφέρεται ως Κόβεντ Γκάρντεν, από την ονομασία της πλατείας του Λονδίνου όπου και βρίσκεται. Το θέατρο άρχισε να λειτουργεί το 1732, αλλά το κτίριο πήρε τη σημερινή του μορφή το 1858, αφού καταστράφηκε δύο φορές από πυρκαγιά. Το 1892 ονομάστηκε Βασιλική Όπερα. Στη διάρκεια των δύο παγκόσμιων πολέμων, το θέατρο μετατράπηκε σε αποθήκη και στη συνέχεια σε αίθουσα χορού, ωσότου άνοιξε και πάλι ως Royal Opera House το 1946. Εδώ έχει την έδρα της η ομάδα των Βασιλικών Μπαλέτων, που ιδρύθηκε χάρη στη Νινέτ ντε Βαλουά το 1931. Πρόκειται για μία από τις γνωστότερες σχολές χορού.

Οι σχολές χορού

Το να γίνει κάποιος επαγγελματίας χορευτής δεν είναι μια απλή επιλογή· προϋποθέτει μια κλίση, μια έμφυτη αγάπη για το χορό, αλλά και τα κατάλληλα προσόντα.

Ο χορευτής πρέπει να διαθέτει σωστές αναλογίες, δυνατούς και ευλύγιστους μυς και επιμήκεις τένοντες, ώστε να τεντώνει το σώμα του και οι κινήσεις του να είναι αρμονικές.

Σημαντικό ρόλο παίζουν επίσης στον κλασικό χορό το σχήμα των ποδιών, που πρέπει να τεντώνονται τόσο ώστε να σχηματίζουν μια ευθεία γραμμή με τις γάμπες, καθώς και το κουντεπιέ –είναι καλύτερα αν έχει τη σωστή καμπύλη εκ φύσεως–, που καθιστούν τις γραμμές των ποδιών πιο κομψές.

Η επιλογή, λοιπόν, μιας σοβαρής και αναγνωρισμένης σχολής με διπλωματούχους δασκάλους είναι βασική για όσους αγαπούν το χορό και θέλουν να ασχοληθούν μ' αυτό το αντικείμενο, και είναι ακόμα πιο σημαντική για όποιον «έχει γεννηθεί χορευτής».

Η σωστή επιλογή Για να γίνει κάποιος επαγγελματίας, είναι απαραίτητο να σπουδάσει σε εξειδικευμένες και επιλεγμένες σχολές.

Δεν πρέπει να ξεχνάμε ότι ο χορός στοχεύει στην καλλιτεχνική μας διαμόρφωση, είναι τέχνη και δεν πρέπει να κάνουμε το συνηθισμένο λάθος να τον αποκαλούμε άθλημα! Στις απλές σχολές, μπορούμε να ασχοληθούμε με το χορό και ως άθλημα, αλλά δε γινόμαστε επαγγελματίες.

Στις μεγάλες σχολές χορού, αντίθετα, μπορούμε να παρακολουθήσουμε μια σειρά κατάλληλων μαθημάτων και να θέσουμε τις βάσεις για μια επαγγελματική πορεία.

Οι εξετάσεις εισαγωγής Εκτός από την προσωπική μας άποψη και την ενθάρρυνση του περιβάλλοντός μας, μπορούμε να ανακαλύψουμε αν έχουμε τα προσόντα για το χορό μόνο αν παρουσιαστούμε στις εξετάσεις εισαγωγής των μεγάλων σχολών και δεχτούμε την κριτική μιας τεχνικής επιτροπής, που θα μπορέσει να αξιολογήσει τις φυσικές μας δυνατότητες.

Αν κάποιος κριθεί κατάλληλος και γίνει δεκτός, η επόμενη επιλογή είναι δική του.

Όποιος συνεχίσει θα πρέπει να ξέρει ότι θα χρειαστεί να κάνει αρκετές θυσίες και να αφοσιωθεί σοβαρά στη σπουδή του χορού· αν όμως αγαπά πραγματικά το αντικείμενό του, δε θα το βλέπει σαν βάρος, αλλά θα το απολαμβάνει με όλη του την καρδιά.

Σε περίπτωση που απορριφθεί, αν αγαπά το χορό, θα βρει τρόπο να ακολουθήσει την κλίση του. Αν, αντίθετα, δεν το θέλει πολύ, ακόμα και όταν γίνει δεκτός θα δυσκολευτεί να αντιμετωπίσει τις θυσίες που απαιτεί ο χορός σε επαγγελματικό επίπεδο.

Επιμονή και υπομονή Δεν πρέπει να στηριζόμαστε ποτέ στην απόφαση μίας και μόνο επιτροπής – υπάρχει πάντα η περίπτωση να έχει κάνει λάθος. Ας μην ξεχνάμε ότι οι σχολές μπαλέτου διεξάγουν διαγωνισμούς κάθε χρόνο, οπότε δε χρειάζεται να απογοητευόμαστε· μια σημερινή αποτυχία μπορεί να σημαίνει την αυριανή επιτυχία. Πολλές φορές οι πόρτες ήταν κλειστές ακόμα και για τους σπουδαιότερους καλλιτέχνες. Ορισμένοι, μάλιστα, απορρίφθηκαν όχι γιατί δεν είχαν τα προσόντα, αλλά λόγω ηλικίας ή επειδή δεν είχαν προετοιμαστεί σωστά. Πρέπει, λοιπόν, πάντα να δίνουμε προσοχή στους δασκάλους μας και, το κυριότερο, να μη σταματάμε στην πρώτη προσπάθεια, αλλά να δίνουμε εξετάσεις σε περισσότερες από μία σχολές και ακαδημίες.

Χόμπι ή επάγγελμα; Αν η κριτική εξακολουθήσει να μην είναι ιδιαίτερα θετική όσον αφορά τις δυνατότητές μας, ίσως θα πρέπει να ασχοληθούμε με το χορό ως χόμπι ή να στραφούμε σε κάποιον άλλον τομέα.

Δεν πρέπει να τρέφουμε αυταπάτες. Είναι πολύ δύσκολο να γίνει κάποιος επαγγελματίας χορευτής του κλασικού μπαλέτου· χρειάζεται επιμονή, αφοσίωση και ταλέντο, αλλά πρέπει να υπάρχει και η προδιάθεση, διαφορετικά ο δρόμος είναι πολύ ανηφορικός!

Μπορούμε, λοιπόν, να σκεφτούμε τις εναλλακτικές· ο μοντέρνος και ο σύγχρονος χορός απαιτούν διαφορετικά σωματικά χαρακτηριστικά, ενώ υπάρχουν και πολλά άλλα είδη χορού στα οποία μπορεί να στραφεί κάποιος. Διαφορετικά, υπάρχει η δυνατότητα να ασχοληθεί με τη διδασκαλία του χορού ή να γίνει ένας σπουδαίος χορογράφος και να καλλιεργήσει με άλλον τρόπο το πάθος του.

Οι διασημότερες σχολές Τονίζουμε ακόμα μια φορά πόσο σημαντική είναι η σχολή που θα επιλέξει κάποιος, η οποία πρέπει να είναι αξιόπιστη, αναγνωρισμένη από το κράτος, και να διαθέτει ικανούς και έμπειρους δασκάλους.

Στη διπλανή σελίδα παρατίθενται ορισμένες από τις καλύτερες σχολές του κόσμου. Σε περίπτωση που αποφασίσετε να δώσετε εκεί εξετάσεις, μπορείτε να πάρετε τις απαραίτητες πληροφορίες και να παρακολουθήσετε τη δραστηριότητά τους.

ΜΙΛΑΝΟ Accademia del Teatro alla Scala
www.accademialascala.it

ΝΑΠΟΛΗ Scuola del Teatro San Carlo di Napoli
www.teatrosancarlo.it

ΡΩΜΗ Accademia Nazionale di Danza
www.accademianazionaledanza.it

Scuola del Teatro dell'Opera di Roma
www.operaroma.it

ΚΑΝΑΔΑΣ National Ballet School of Canada
www.nbs-enb.ca

ΔΑΝΙΑ Royal Danish Ballet Copenaghen
www.kglteater.dk/OmKunstarterne/Ballet/Balletskoler.aspx

ΓΑΛΛΙΑ
Ecole de danse de l'Opéra de Paris
www.operadeparis.fr/toutsavoir/ecole
Ecole Supérieure de Danse de Cannes Rosella Hightower *www.cannesdance.com*
Conservatoire de Paris *www.cnsmdp.fr*

ΓΕΡΜΑΝΙΑ
Hamburg Ballett Schule John Neumeier *www.hamburgballett.de*
John Cranko Schule *www.stuttgart-ballet.de*

ΕΛΒΕΤΙΑ
Ecole-Atelier Rudra Béjart Losanne *www.bejart-rudra.ch*

ΑΓΓΛΙΑ
English National Ballet School *www.enbschool.org.uk*
London Contemporary Dance School *www.cdd.ac.uk./lcds_about.html*
Royal Ballet School *www.royal-ballet-school.org.uk*

ΡΩΣΙΑ
Bolshoi Ballet School *www.russianballetschool.com*
Vaganova Ballet Academy *www.vaganova.ru*
Kirov Academy of ballet *www.ubacademy.org*

ΗΠΑ
Alvin Ailey Dance School *www.alvinailey.org*
ABT – American Ballet Theatre School *www.abt.org/education/programsfordancers.asp*
Baryshnikov Arts Center – BAC *www.baryshnikovdancefoundation.org/bac.html*
Martha Graham Dance School *www.marthagraham.org/school*
SAB – School of American Ballet – New York City Ballet School *www.sab.org*

Roberto Baiocchi

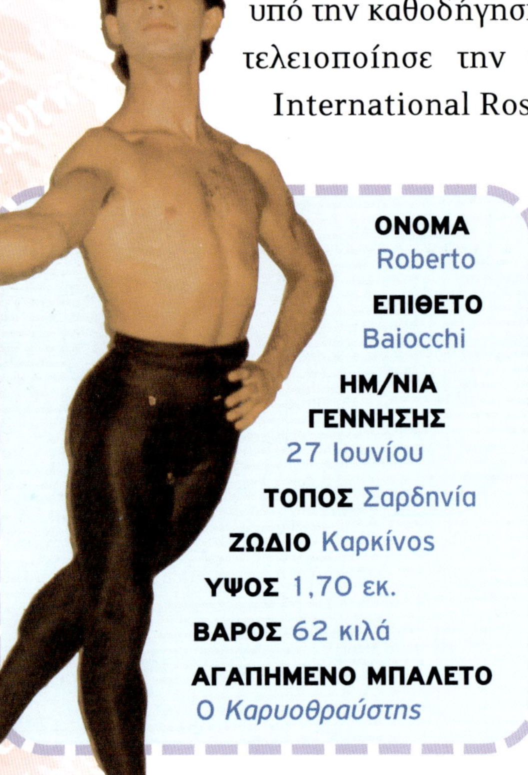

Χορευτής και χορογράφος, ο Roberto Baiocchi, αφού σπούδασε στη Φλωρεντία, στην ιστορική Σχολή Daria Collin, υπό την καθοδήγηση της Αντονιέτα Νταβίζο ντι Σάρβενσαντ, τελειοποίησε την τεχνική του στο Centre de Danse International Rosella Hightower στις Κάννες, μία από τις καλύτερες σχολές στον κόσμο.

Ο Baiocchi σε ένα πορτρέτο του φωτογράφου Αλέσιο Μπουκαφούσκα

Παράλληλα με την κλασική ακαδημαϊκή του εκπαίδευση, ασχολήθηκε με το μοντέρνο και το σύγχρονο χορό, το τραγούδι και την υποκριτική – παρακολούθησε το Θεατρικό Εργαστήρι του Βιτόριο Γκάσμαν στη Φλωρεντία.

Έζησε για μεγάλο διάστημα στη Γαλλία, όπου εργάστηκε με το Ballet de l'Opéra, με την ομάδα Ballet Classique de Paris και με το Jeune Ballet International de Cannes.

Συμμετείχε σε σπουδαία μπαλέτα του κλασικού ρεπερτορίου, όπως Λίμνη των Κύκνων, Καρυοθραύστης, Ζιζέλ, Δον Κιχώτης κ.ά. Στην Ιταλία απέτισε φόρο τιμής στον Φεντερίκο Φελίνι με το μπαλέτο 8½. Σήμερα ο Baiocchi ασχολείται με χορογραφίες για το θέατρο και την τηλεόραση και με τη διδασκαλία του χορού.

Η ιστορία μου

Μόλις είχα συμπληρώσει τα έξι μου χρόνια και περίμενα γεμάτος περιέργεια να αντιμετωπίσω την πρώτη μέρα στο σχολείο, όταν ξαφνικά, λόγω των επαγγελματικών υποχρεώσεων του πατέρα μου, έφυγα με την οικογένειά μου από το υπέροχο νησί στο οποίο γεννήθηκα, τη Σαρδηνία, και βρέθηκα σε μια νέα ήπειρο, την Αφρική!

Το 1971 στο αεροδρόμιο της Ίνγκα, στην Αφρική

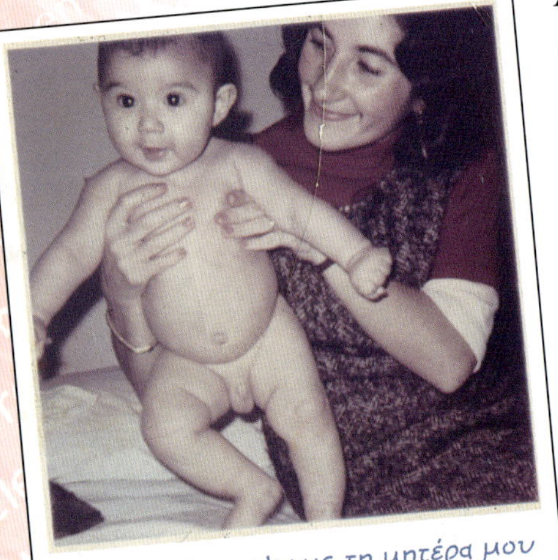

Εγώ εννιά μηνών με τη μητέρα μου

Το μέρος αυτό υπήρξε πολύ σημαντικό για μένα· εκεί πήγα στο δημοτικό και απέκτησα τις πρώτες μου εμπειρίες. Θυμάμαι έντονα τον ήχο των ορυχείων και τους

Στις Κάννες, σε μια φωτογραφία του Ρενέ Φαμπιάνι

βρυχηθμούς των λιονταριών, καθώς και τους Πυγμαίους, τα φίδια, τους γορίλες, τους πιθήκους και τους αγώνες με τα ποδήλατα...

Τα πρώτα βήματά μου στο χορό τα έκανα στην Αφρική σε ηλικία επτά ετών, στη διάρκεια μιας σχολικής παράστασης.

Επιστρέφοντας στην Ιταλία, γνώρισα τον Αλεσάντρο και τον Γκαετάνο, τους καλύτερούς μου φίλους· μαζί τους και με τον αδελφό μου Σούτρα –από το Σαλβατόρε– μοιραζόμουν το ίδιο πάθος για το χορό. Εγώ όμως, περισσότερο απ' όλους, ένιωθα έντονη την επιθυμία να χορέψω, αισθανόμουν ότι είχα μια ιδιαίτερη κλίση.

Σε σκηνή της Ζυρίχης, με το Μπαλέτο της Στουτγκάρδης

Έτσι, μια μέρα σήκωσα το ακουστικό και άρχισα να τηλεφωνώ σε σχολές χορού. Έπειτα από αρκετές αρνήσεις και απογοητεύσεις, τελικά μου απάντησαν: «Φυσικά και μπορείς να έρθεις! Ποιος σου είπε ότι τα αγόρια δεν μπορούν να γίνουν χορευτές;»

Ύστερα από λίγο συνάντησα την κυρία Νταβίζο ντι Σάρβενσουντ· ήθελα τη γνώμη μιας πρίμα μπαλαρίνας, που είχε χορέψει με τα μεγαλύτερα αστέρια. «Νομίζω ότι βλέπω τον Νιζίνσκι να εκτελεί τα καταπληκτικά εντρεσά ντουζ του», είπε όταν με είδε να κάνω ένα άλμα. Από τότε άρχισα να παρακολουθώ διάφορα μαθήματα κάθε μέρα, πολλές φορές με σπουδαίους δασκάλους του Royal Ballet School κι έπειτα, μέσα σε λίγα χρόνια, ήρθε η μεγάλη στιγμή· το ταξίδι μου στις Κάννες για να σπουδάσω στο Centre de Danse International Rosella Hightower!

Κάθε πρωί ξύπνημα στις 6, πρωινό και αμέσως στην αίθουσα για το πρώτο μάθημα κλασικού χορού στις 8 με τους Κλοντί Βινζέ και Αρλέτ Καστανιέ. Συνέχιζα με μαθήματα μοντέρνου, σύγχρονου, ισπανικού χορού, εφαρμοσμένης ανατομίας, σολφέζ,

Στο καμαρίνι του στο Βερολίνο το 1988, προτού βγει στη σκηνή στο μπαλέτο Καρυοθραύστης

Το 1990 στο Θέατρο Βέρντι της Τεργέστης στο μπαλέτο 8½, ως φόρος τιμής στον Φεντερίκο Φελίνι

Ο Baiocchi σ' ένα άλμα στο Centre de Danse International στις Κάννες το 1983

τραγουδιού, υποκριτικής και πα ντε ντε, ανάμεσα σε ακαδημαϊκές σπουδές και στα μαθήματα του σχολείου.

Εκείνη την περίοδο χόρεψα σπουδαία κλασικά μπαλέτα, όπως η *Λίμνη των Κύκνων*, η *Κοπέλια* και πολλά άλλα... Έμαθα στην πράξη, με λίγα λόγια.

Οι πρώτες μου επαγγελματικές εμπειρίες ήρθαν αργότερα, αρχικά στην ομάδα Jeune Ballet International de Cannes της Ροζέλα Χαϊτάουερ, κι έπειτα με τις πρώτες τηλεοπτικές μου συμμετοχές στη Γαλλία και στο Λουξεμβούργο.

Έζησα για λίγο στην Ιταλία και συνεργάστηκα με το Θεατρικό Εργαστήρι του Βιτόριο Γκάσμαν, στην όπερα *Το Παιχνίδι του Διονύσου*· ερμήνευα ένα σάτυρο της ελληνικής μυθολογίας από το σατυρικό δράμα *Ο Κύκλωπας* του Ευριπίδη.

Επιστρέφοντας στη Γαλλία, συνέχισα την πορεία μου μαζί με το Ballet de l'Opéra της Νίκαιας, ως σολίστ. Χόρεψα στη Λιόν, στην Τουλούζ, στη Μασσαλία. Έγινα, λοιπόν, μέλος της ομάδας Ballet Classique de Paris, με την οποία παρουσιάσαμε τον *Καρυοθραύστη*, το αγαπημένο μου μπαλέτο.

Στο Παρίσι, με έπιασε χορογραφικός οίστρος. Έτσι, μοίραζα το χρόνο μου ανάμεσα στις σχολές χορού και στην Όπερα του Παρισιού, για να μελετήσω όσο περισσότερα μπαλέτα μπορούσα· έπρεπε να διευρύνω τις γνώσεις μου γύρω από το χορό, σε κάθε του έκφραση.

Όσο για τις τηλεοπτικές εμπειρίες μου, αποδείχτηκαν αρκετά διασκεδαστικές. Συμμετείχα ως χορευτής σε

Στη διάρκεια ενός μπαλέτου στην Όπερα της Νίκαιας το 1987

Ο Baiocchi με τον Ρούντολφ Νουρέγιεφ το 1984

τηλεοπτικές εκπομπές στη Γαλλία και στο Λουξεμβούργο και, στην Ιταλία, επιμελήθηκα τη σκηνοθεσία και τη χορογραφία επιδείξεων μόδας, όπως τη Nuit des Étoiles, και διαγωνισμών ομορφιάς, όπως η Μις Κόσμος κ.ά. Χόρεψα επίσης μαζί με τον Κλέντι Καντιού στην εκπομπή C'è posta per te του Καναλιού 5 με τη Μαρία ντε Φιλίπι.

Εδώ και καιρό ασχολούμαι με τη διδασκαλία του χορού και τη χορογραφία, για να συμβάλω στη διάδοση αυτής της τέχνης και στη δημιουργία πραγματικά ικανών χορευτών και χορευτριών.

Είναι πολλοί οι δάσκαλοι που με έκαναν αυτό που είμαι σήμερα· ο Ρέιμοντ Φρανκέτι και η Ρίτα Θάλια της Όπερας του Παρισιού, ο Τζιν Νατς της σχολής Béjart, η Μόνικα Κράους Σάεζ, ο Βίκτορ Ρόνα, ο Μονέ Ρομπιέ και πολλοί άλλοι. Αξέχαστη θα μου μείνει η καθημερινή παρουσία του σπουδαίου δασκάλου μου Χοσέ Φεράν· μαζί του πραγματικά έμαθα πολλά.

Στο στούντιο του Centre de Danse International στις Κάννες το 1983

Πάνω απ' όλους βέβαια υπάρχει εκείνη, η Ροζέλα Χαϊτάουερ, η «καλλιτεχνική νονά» μου, την οποία επισκέπτομαι πολύ συχνά στις Κάννες.

Τα είδωλά μου είναι πάντα ο Ρούντολφ Νουρέγιεφ και ο Μιχαήλ Μπαρίσνικοφ και η άποψη του Ρούντι με βρίσκει απόλυτα σύμφωνο, καθώς κι εγώ «ΘΕΛΩ ΝΑ ΧΟΡΕΥΩ ΓΙΑ ΠΑΝΤΑ!»

Ο Roberto με τη Ροζέλα Χαϊτάουερ προτού βγει στη σκηνή για το μπαλέτο Η Λίμνη των Κύκνων

Στο καμαρίνι με την ετουάλ Πολίνα Σεμιόνοβα το 2006

Με τη Μαρία ντε Φιλίπι και (κάτω) με τη Ροσέλα Μπρέσια στα στούντιο του καναλιού 5.

ΓΛΩΣΣΑΡΙΟ

Α

Αλέγκρο Προέρχεται από ένα μουσικό όρο που σημαίνει «ζωντανός, κεφάτος». Αναφέρεται στην εκτέλεση γρήγορων βημάτων, που μπορεί να περιλαμβάνουν πηδηματάκια και μακριά βήματα. Υπάρχει το γκραν (μεγάλο) και πτι (μικρό) αλέγκρο.

Αλονζέ Σημαίνει «εκτεταμένο» ή «τεντωμένο».

Αν αβάν Όταν ένα βήμα ή μια κίνηση εκτελείται προς τα μπρος.

Αν αριέρ Όταν ένα βήμα ή μια κίνηση γίνεται προς τα πίσω.

Αν ερ Όταν το πόδι κάνει μια κίνηση στον αέρα.

Αν ντεντάν Βήμα ή κίνηση στην οποία ο χορευτής στρίβει το σώμα του προς τα μέσα, προς το πόδι που τον στηρίζει.

Αν ντεόρ Είναι το αντίθετο του αν ντεντάν και υποδηλώνει μια κίνηση, ένα βήμα, μια περιστροφή του σώματος που γίνεται προς τα έξω, όπως για παράδειγμα στις πιρουέτες.

Αν τουρνάν Πρόκειται για ένα βήμα που εκτελείται σε περιστροφή, δηλαδή όταν ο χορευτής κάνει μια στροφή γύρω από τον εαυτό του.

Αντάζ Αργά και κοφτά βήματα και κινήσεις που ρέουν ομοιόμορφα.

Ανφάς Η θέση του χορευτή όταν είναι στραμμένος προς το κοινό.

Αραμπέσκ Ο χορευτής ισορροπεί στο ένα πόδι και το άλλο είναι τεντωμένο ψηλά και προς τα πίσω.

Ασαμπλέ Ένα άλμα στο οποίο τα πόδια συναντώνται στον αέρα και παραμένουν ενωμένα πριν από την προσγείωση.

Ατιτίντ Είναι μια ποζισιόν που εκτελείται στο ένα πόδι, ενώ το άλλο είναι ανασηκωμένο –μπροστά ή πίσω– και το γόνατο λυγισμένο.

Γ

Γκλισάντ Είναι ένα συρτό βήμα που χρησιμοποιείται για να συνδέσει μεταξύ τους τις κινήσεις ή να προετοιμάσει ένα άλλο βήμα. Ξεκινά και ολοκληρώνεται σε πέμπτη ποζισιόν και είναι ένα από τα παλαιότερα βήματα, από τα πρώτα που κωδικοποιήθηκαν.

Γκραν εκάρ Είναι το πολύ μεγάλο άνοιγμα των ποδιών. Εκτελείται μονάχα στο έδαφος με το ένα πόδι μπροστά και το άλλο πίσω, με την κατεύθυνση της τέταρτης ποζισιόν, ή με τα πόδια ανοιχτά στο πλάι, δηλαδή σε δεύτερη ποζισιόν. Ως άσκηση στρέτσινγκ, εκτελείται με το πόδι τεντωμένο στην μπάρα. Όταν ο χορευτής είναι σε κίνηση, εκτελείται ως μεγάλο άλμα.

Γκραν ζετέ Είναι ένα μεγάλο και μακρύ άλμα, κατά το οποίο ο χορευτής τεντώνει σε διάταση και τα δύο πόδια του, σαν να κάνει σπαγγάτο στον αέρα, ενώ κρατά τα πέλματά του τεντωμένα.

Γκραν ζετέ πα ντε σα Είναι ένα μεγάλο άλμα, όπου το πόδι που τινάζεται προς τα πάνω στη διάρκεια του άλματος εκτελεί ένα ντεβελοπέ, το σώμα ανασηκώνεται στον αέρα και τα δύο πόδια είναι όσο πιο ανοιχτά γίνεται.

Ε

Εκαρτέ Το πόδι του χορευτή είναι τεντωμένο στη δεύτερη ποζισιόν, ενώ το σώμα του είναι τοποθετημένο διαγώνια σε σχέση με το κοινό. Μπορεί να εκτελεστεί στο έδαφος ή στον αέρα, μπροστά ή πίσω.

Ενεργητικό πόδι Είναι το πόδι που είναι ελεύθερο για να εκτελεί τις διάφορες κινήσεις.

Ενσενμάν Πρόκειται για ένα σύνολο συνδυασμένων βημάτων.

Επολεμάν Ο όρος χρησιμοποιείται για να δείξουμε πώς πρέπει να τοποθετηθούν οι ώμοι και το κεφάλι σε σχέση με τη θέση που έχει πάρει το υπόλοιπο σώμα. Είναι ένας καλλιτεχνικός και ιδιαίτερος τρόπος, που βελτιώνει την προοπτική στη θέση ανφάς και την εκφραστικότητα όταν ο χορευτής κάνει μια στροφή προς το κοινό σε μεγάλη απόσταση.

Εσαπέ Είναι ένα άλμα κατά το οποίο τα πόδια, ξεκινώντας από την πρώτη ή την πέμπτη ποζισιόν, ανοίγουν στον αέρα με μια ταυτόχρονη κίνηση και προσγειώνονται ανοιχτά στη δεύτερη ποζισιόν, ή και στην τέταρτη.

Ετουάλ (αστέρι) Είναι ο ανώτερος τίτλος στην ιεραρχία μιας χορευτικής ομάδας. Απονέμεται από το διευθυντή του θεάτρου σε μια πρίμα μπαλαρίνα ή έναν πρώτο χορευτή μιας ομάδας κλασικού μπαλέτου, για να δείξει το υψηλό επαγγελματικό τους επίπεδο. Ο όρος χρησιμοποιήθηκε πρώτη φορά στην Όπερα του Παρισιού.

Εφασέ Το σώμα είναι ελαφρώς στραμμένο σε σχέση με το θεατή, που βλέπει την ανοιχτή γραμμή των ποδιών του χορευτή.

Ζ

Ζετέ Αναφέρεται σε όλες εκείνες τις γρήγορες, κοφτές κινήσεις, όπως για παράδειγμα ένα μπατμάν ζετέ.

Κ

Καμπρέ Είναι η κλίση του θώρακα, πίσω ή στο πλάι.

Κέντρο Αναφέρεται στο σημείο της αίθουσας χορού όπου γίνονται οι ασκήσεις στο δεύτερο μέρος του κλασικού μαθήματος, έπειτα από εκείνες που γίνονται στην μπάρα. Στο μοντέρνο χορό, οι ασκήσεις ξεκινούν απευθείας στο κέντρο.

Κλασικά μπαλέτα Συνήθως μπαλέτα με ρωσική ιστορία του 19ου αιώνα, που ακολουθούν ένα συγκεκριμένο μοτίβο.

Κλασικό μπαλέτο Στυλ χορού βασισμένο σε κανόνες που έχουν καθιερωθεί εδώ και αιώνες από δασκάλους και σχολές της Γαλλίας, της Ρωσίας, της Δανίας και της Ιταλίας.

Κολοφώνιο Κίτρινα κρυσταλλοποιημένα κομμάτια αποσταγμένου ρετσινιού, που θρυμματίζονται σε μορφή πούδρας. Χρησιμοποιείται στα παπούτσια μπαλέτου, για να μη γλιστρούν οι χορευτές στη σκηνή.

Κορ ντε μπαλέ Το σύνολο των χορευτών που εργάζονται σε ένα θέατρο και χορεύουν μαζί ως ομάδα· διαφέρουν από τους σολίστ, τους πρώτους χορευτές και τους ετουάλ.

Κουντεπιέ Είναι το πάνω μέρος του ποδιού, που θα πρέπει να έχει τη σωστή καμπύλη εκ φύσεως ή να αναπτυχθεί με την άσκηση, για να επιτρέπει στο χορευτή να ανεβαίνει στις μύτες των ποδιών με μεγαλύτερη ευκολία και να καθιστά τις γραμμές των ποδιών πιο κομψές.

Κρουαζέ Το σώμα είναι ελαφρώς στραμμένο σε σχέση με το θεατή, ο οποίος βλέπει το σταύρωμα των ποδιών του χορευτή.

Λ

Λευκό μπαλέτο Αναφέρεται στα ρομαντικά μπαλέτα όπου χρησιμοποιούνται οι κλασικές μακριές και λευκές τιτί, όπως εκείνη που φορούσε η Μαρία Ταλιόνι στη *Συλφίδα* (1830).

Λιφτ (ή ελεβασιόν) Ανύψωση της μπαλαρίνας από τον παρτενέρ της στη διάρκεια ενός πα ντε ντε.

Μ

Μετρ ντε μπαλέ Είναι το πρόσωπο που διευθύνει τα μαθήματα της χορευτικής ομάδας και ολόκληρου του θιάσου. Αποστολή του είναι η διεξαγωγή προβών με τους χορευτές για τα μπαλέτα που έχει ζητήσει ο διευθυντής ή έχει δημιουργήσει ο χορογράφος.

Μπαλέ ντ' αξιόν Είναι ένα μπαλέτο που διηγείται μια ιστορία.

Μπαλόν Είναι μια αναπήδηση με ιδιαίτερα «ελαστικό» τρόπο, που δίνει την εντύπωση ότι ο χορευτής αιωρείται.

Μπαλονέ Είναι ένα άλμα κατά το οποίο οι χορευτές προσγειώνονται σε ένα μόνο πόδι σε ντεμί πλιέ, με το άλλο πόδι σε κουντεπιέ – χαρακτηριστικό του πα ντε ντε των χωρικών του μπαλέτου *Ζιζέλ*.

Μπάρα Ξύλινη ράγα τοποθετημένη παράλληλα με τον τοίχο, την οποία χρησιμοποιούν οι χορευτές για να διατηρούν την ισορροπία τους στη διάρκεια της εκτέλεσης των ασκήσεων.

Μπατερί Βήματα που γίνονται με το εσωτερικό των μηρών· η δύναμη συγκεντρώνεται στους προσαγωγούς, ενώ τα πόδια χτυπούν μεταξύ τους και εναλλάσσονται, όπως για παράδειγμα στο εντρεσά κατρ.

Μπατμάν Περιγράφει ασκήσεις της μπάρας κατά τις οποίες το ελεύθερο πόδι δουλεύει, ενώ το άλλο στηρίζει το σώμα. Υπάρχουν πολλά είδη μπατμάν· ταντί, ζετέ, σουτενί και γκραν μπατμάν.

Μπρα μπα Είναι η εισαγωγική θέση των χεριών πριν από την έναρξη μιας άσκησης στην μπάρα ή σε ζευγάρια.

Ν

Ντεβελοπέ Μια κίνηση κατά την οποία το πόδι, ξεκινώντας από την πρώτη ή την πέμπτη ποζισιόν και περνώντας από το κουντεπιέ ρετιρέ, τεντώνεται και ανασηκώνεται προς οποιαδήποτε κατεύθυνση.

Ντεγκαζέ Ο χορευτής τοποθετεί το πόδι του –το οποίο είναι εντελώς τεντωμένο και ακουμπισμένο στο έδαφος– μπροστά, στο πλάι ή πίσω.

Ντεμί πλιέ Μια άσκηση ή μια ποζισιόν κατά την οποία τα πόδια και τα γόνατα λυγίζουν ελαφρώς, χωρίς οι φτέρνες να ανασηκώνονται από το έδαφος.

Ντεμί πουέντ Όταν ο χορευτής σηκώνει το βάρος του σώματός του στις μύτες των ποδιών και στο μισό του πέλμα.

Ο

Ουβέρ Μ' αυτό τον όρο χαρακτηρίζονται τα βήματα που καταλήγουν με το ένα πόδι ανοιχτό, ανασηκωμένο από το έδαφος σε οποιοδήποτε ύψος, συνήθως έπειτα από ένα άλμα.

Ουβερτούρα Είναι ένας μουσικός όρος που υποδηλώνει την εισαγωγή στην αρχή των μουσικών έργων. Στο θέατρο εκτελείται προτού ανοίξει η αυλαία και περιλαμβάνει κομμάτια που θα ακουστούν και θα ερμηνευτούν στη διάρκεια της παράστασης.

Π

Πα Αναφέρεται σε όλες τις κινήσεις που απαιτούν τη μετατόπιση του βάρους του σώματος από το ένα πόδι στο άλλο, με άνοδο ή κάθοδο.

Πα κουρί Μικρά βήματα που εκτελούνται γρήγορα, με μεγάλη ταχύτητα.

Πα ντε μπουρέ Προέρχεται από έναν παλιό λαϊκό χορό της Γαλλίας, τον μπουρέ, ο οποίος έγινε χορός της Αυλής, στη συνέχεια άλλαξε μορφή και αναπτύχθηκε στο κλασικό μπαλέτο.

Πα ντε ντε Χορός για δύο άτομα στο μπαλέτο, συνήθως ενός άντρα και μιας γυναίκας. Αποτελείται από πιρουέτες, αντάζ και από μια μεγάλη ποικιλία ελεβασιόν που πραγματοποιούνται με έναν παρτενέρ. Στα κλασικά μπαλέτα, το πα ντε ντε ακολουθεί ένα ορισμένο μοτίβο· υποβασταζόμενο αντάζ, ανδρικό σόλο και μετά γυναικείο σόλο, που συνήθως ολοκληρώνεται με ένα πιο γρήγορο φινάλε, το οποίο ονομάζεται επίλογος του έργου. Ο ρόλος του άντρα είναι να σηκώνει τη γυναίκα και να τη στηρίζει σε μια σειρά βημάτων αντάζ και στροφών.

Πα ντε σα Σημαίνει βήμα της γάτας. Το ένα πόδι καθοδηγεί και το άλλο ακολουθεί καθώς ο χορευτής πηδάει στο πλάι, γρήγορα και ελαφρά σαν γάτα.

Πανσέ Είναι μια άσκηση που περιλαμβάνει την κλίση του σώματος προς τα μπρος, όπως για παράδειγμα σ' ένα αραμπέσκ πανσέ· ξεκινώντας από τη θέση αραμπέσκ το σώμα λυγίζει προς τα μπρος, ενώ το ελεύθερο πόδι εξακολουθεί να ανασηκώνεται, ώσπου να σχηματίσει ορθή γωνία με το πόδι στήριξης.

Παρ τερ Πρόκειται για τα βήματα ή τις κινήσεις κατά την εκτέλεση των οποίων προβλέπεται η επαφή με το έδαφος του ποδιού που δουλεύει.

Πασέ Είναι μια χαρακτηριστική κίνηση στη διάρκεια της εκτέλεσης των πιρουετών, αλλά και στη μελέτη της ισορροπίας, κατά την οποία το πόδι τοποθετείται στο ύψος του γόνατου του άλλου ποδιού. Στο μοντέρνο χορό υπάρχουν το πασέ αν ντεόρ και αν ντεντάν.

Πικέ Γρήγορη και δυναμική κίνηση. Αν εκτελεστεί στην μπάρα ή στο κέντρο, το ενεργητικό πόδι είναι τεντωμένο και χτυπά στο έδαφος. Σε μια χορευτική κίνηση, το βήμα αυτό εκτελείται σε ντεμί πουέντ ή σε πουέντ. Και εδώ ένα πόδι χτυπά στο έδαφος ενώ το άλλο ανασηκώνεται στις διάφορες θέσεις (πασέ, αραμπέσκ ή και αν τουρνάν).

Πιρουέτες Είναι οι στροφές με άξονα ένα τεντωμένο πόδι, με το άλλο πόδι λυγισμένο λίγο κάτω από το γόνατο. Μπορούν να εκτελεστούν σε ντεμί πουέντ ή πουέντ και σε διάφορες θέσεις. Όταν η στροφή γίνεται προς τα έξω, από την πλευρά του ανασηκωμένου ποδιού, ονομάζονται αν ντεόρ. Αν η στροφή γίνεται προς τα μέσα, προς το σταθερό πόδι, λέγονται αν ντεντάν.

Πλιέ Μια κλασική κίνηση του μπαλέτου, όπου τα γόνατα είναι λυγισμένα. Στο ντεμί πλιέ οι φτέρνες δε σηκώνονται ποτέ από το έδαφος. Στο γκραν πλιέ τα γόνατα, που λυγίζουν όσο το δυνατόν περισσότερο, βοηθούν τις φτέρνες να ανασηκωθούν από το έδαφος – όχι όμως στη δεύτερη ποζισιόν.

Ποζισιόν Οι πέντε στάσεις του σώματος για τα πόδια και τα χέρια με βάση τους κανόνες του κλασικού μπαλέτου.

Πορ ντε μπρα Είναι η κίνηση των χεριών, των καρπών και των μπράτσων, η οποία συνοδεύεται πάντα από την κίνηση του κεφαλιού και του θώρακα. Στη διάρκεια των μαθημάτων, ανάλογα με τη μέθοδο που ακολουθείται, εκτελούνται διάφοροι τύποι πορ ντε μπρα, ώστε ο χορευτής να μάθει να κινεί αρμονικά τα χέρια του.

Πουέντ Ο χορευτής σηκώνει το βάρος του σώματός του στις μύτες των ποδιών, βάζοντας δύναμη στα γόνατα και στους μηρούς.

Πρίμα μπαλαρίνα Η βασική χορεύτρια μιας επαγγελματικής ομάδας μπαλέτου. Μπορεί να της απονεμηθεί και ο τίτλος ετουάλ από το διευθυντή του θεάτρου.

Ρ

Ρανβερσέ Είναι μια στροφή του σώματος σε καμπρέ ντεριέρ, στη διάρκεια της οποίας δεν πρέπει σε καμία περίπτωση να χάσουμε από τα μάτια μας το κοινό. Στο μοντέρνο χορό γίνεται και επιτόπου.

Ρεβεράνς Επίσημη υπόκλιση, μια έκφραση ευχαριστίας, που κάνουν οι χορευτές στο τέλος ενός μαθήματος ή μιας παράστασης.

Ρελεβέ Είναι η κίνηση κατά την οποία το σώμα ανασηκώνεται από το έδαφος σε ντεμί πουέντ ή σε πουέντ.

Ρομαντικό μπαλέτο Είδος μπαλέτου που χρονολογείται από τις αρχές του 19ου αιώνα και περιλαμβάνει συνήθως μυστηριώδη παραμύθια.

Ρον ντε ζαμπ Είναι μια κυκλική κίνηση του ποδιού που γίνεται στη διάρκεια των ασκήσεων στην μπάρα ή στο κέντρο της αίθουσας. Μπορεί να εκτελεστεί στο έδαφος ή στον αέρα και με κατεύθυνση αν ντεόρ ή αν ντεντάν.

Σ

Σανζμάν Μικρά πηδηματάκια κατά τα οποία τα πόδια αλλάζουν την πέμπτη ποζισιόν στον αέρα, αντιστρέφοντας τη θέση τους προτού επιστρέψουν στο έδαφος.

Σενέ Πρόκειται για μια σειρά κύκλων με τα χέρια και τα πόδια σε πρώτη ποζισιόν, οι οποίοι πραγματοποιούνται σε πουέντ ή σε ντεμί πουέντ· στη διάρκεια της εκτέλεσης, το βάρος του σώματος μετακινείται διαδοχικά από το ένα πόδι στο άλλο.

Σιρ πλας Σημαίνει «επιτόπου».

Σισόν Είναι ένα άλμα που ξεκινά με το τίναγμα και των δύο ποδιών και ολοκληρώνεται με το ένα, αλλά υπάρχουν πολλές παραλλαγές και εξαιρέσεις – για παράδειγμα, η σισόν φερμέ, η τομπέ και η φοντί ολοκληρώνονται και στα δύο πόδια. Η σισόν μπορεί να είναι μικρή, όπως η φερμέ και η ουβέρτ στις 45°, ή μεγάλη, όπως η ρανβερσέ και η ουβέρτ στις 90°.

Σολίστ Χορευτής που ερμηνεύει κάποια μέρη της χορογραφίας μόνος, όχι όμως κάποιον από τους πρωταγωνιστικούς ρόλους.

Σοτέ (ή άλμα) Είναι μια ανυψωτική κίνηση του σώματος, είτε στο ίδιο σημείο είτε με μετατόπιση· ξεκινά από το ένα ή και τα δύο πόδια και ολοκληρώνεται κατά τον ίδιο τρόπο.

Σουτενί Είναι μια κίνηση συντονισμού των ποδιών, που εκτελούν ταυτόχρονα δύο διαφορετικές κινήσεις.

Σταθερό πόδι Είναι αυτό που σηκώνει το βάρος του σώματος και το στηρίζει.

Σύγχρονο μπαλέτο Πιο ελεύθερο σε σχέση με το κλασικό μπαλέτο, με τεχνικές και κινήσεις που πολλές φορές δεν είναι κωδικοποιημένες και καθορισμένες, το σύγχρονο μπαλέτο δεν έχει πάντα μια ιστορία. Αντίθετα, μπορεί να εκφράζει μόνο συναισθήματα ή κάποια συγκεκριμένη διάθεση.

Τ

Ταμ λεβέ Είναι ένα άλμα στο ένα πόδι, ενώ το άλλο βρίσκεται σε μια συγκεκριμένη ποζισιόν –για παράδειγμα, σε κουντεπιέ ή πασέ– ή ανασηκωμένο σε αραμπέσκ.

Ταμ λιέ Αναφέρεται σε μια ακολουθία κινήσεων συνδεδεμένων μεταξύ τους.

Ταντί Αναφέρεται στα τεντωμένα πόδια, όπως για παράδειγμα σ' ένα μπατμάν ταντί.

Τιλτ Είναι ένας όρος που χρησιμοποιείται πολύ στο μοντέρνο χορό· πρόκειται για την κλίση ολόκληρου του κορμού –της σπονδυλικής στήλης– σε σχέση με τον οριζόντιο άξονα του σώματος.

Τουρ αν λ' ερ Είναι οι περιστροφές του σώματος γύρω από τον άξονά του, οι οποίες εκτελούνται στον αέρα.

Φ

Φερμέ Μ' αυτό τον όρο περιγράφουμε τα βήματα που ολοκληρώνονται με τα πόδια κλειστά στην πέμπτη ποζισιόν, μονάχα ύστερα από ένα άλμα, όπως για παράδειγμα στο σισόν φερμέ.

Φλεξ Το πέλμα είναι ίσιο και σχηματίζει γωνία 90° με τον αστράγαλο.

Φοντί Είναι μια άσκηση κατά την οποία λυγίζει το πόδι που στηρίζει το σώμα.

Φραπέ Είναι μια άσκηση κατά την οποία το πόδι χτυπά στο έδαφος. Στο μπατμάν φραπέ, το πέλμα χτυπά κάτω προτού τεντωθεί εντελώς μαζί με το πόδι.

Χ

Χορογραφία Η τέχνη της σύνθεσης ενός μπαλέτου ή ενός χορού, η ρύθμιση των κινήσεων και των βημάτων.

Χορογράφος Έχει την αρχική ιδέα για την παράσταση και στη συνέχεια οργανώνει ή επινοεί τα βήματα και τις κινήσεις που ταιριάζουν με τη μουσική.

Χορός τζαζ Ξεκίνησε στις ΗΠΑ στις αρχές του 20ού αιώνα και εξελίχθηκε με τη μουσική τζαζ. Είναι ένας συνδυασμός λαϊκών ευρωπαϊκών, αφρικανικών και πρωτόγονων χορών με τον κλασικό και το μοντέρνο χορό.

ΦΩΤΟΓΡΑΦΙΕΣ ΕΞΩΦΥΛΛΟΥ *Studio Fotografico Righi* di Moggi e Tani, Prato. Nicoletta Sansucci di Firenze. Chiara Niccoli di Prato.

ΕΥΧΑΡΙΣΤΙΕΣ ΤΟΥ ΣΥΓΓΡΑΦΕΑ *Centro Danza e Movimento,* Lilia Bertelli, Firenze. *Gorilla,* Firenze. Mirella Buonavita. Alessio Buccafusca, φωτο σελ. 7, 81, 84, 113, 114, 117, 118, 119, 121, 123, 130. Paolo Bonciani.

ΕΙΚΟΝΟΓΡΑΦΗΣΗ ΔΕΥΤΕΡΟΥ ΚΕΦ. Carlo Molinari

ΠΗΓΕΣ ΦΩΤΟΓΡΑΦΙΚΟΥ ΥΛΙΚΟΥ Album/Contrasto, Milano. Archivio Giunti, Firenze. Contrasto, Milano. Corbis, Milano. Everett Collection/Contrasto, Milano. Foto Mariani, Firenze. Webphoto, Roma. Getty Images/Laura Ronchi, Milano. Grazia Neri, Milano. Lelli&Masotti © Fratelli Alinari, Firenze. Olycom, Milano. RÉA/Contrasto, Milano. SimePhoto/SIE, Roma. René Fabiani, Firenze (pp. 6 in basso, 23 in alto, 30 in basso, 33, 40, 41, 42, 43, 72, 82 in alto, 83 in alto, 84 in basso, 85, 130-131 in basso). Studio Fotografico Righi di Moggi e Tani, Prato (pp. 5, 24 in alto, 25 in alto e al centro, 26 in alto, 27 in alto a dx e in basso, 28 in alto a dx e in basso a sin., 29 al centro e in basso, 87 in alto, 93 in alto a sin., 99 in alto)

ΣΧΕΔΙΑΣΜΟΣ - ΕΙΚΟΝΟΓΡΑΦΗΣΗ Simonetta Zuddas - Claudia Hendel